# 城区施工期间交通组织设计方法及实例

胡皓勇 著

## 内容提要

本书首先从城区施工环境入手，针对施工环境中不同的分类进行了较为细致的研究；制定城区施工期间的交通组织方案需要以施工期间的道路通行状况作为基本前提，因此对施工期间的交通组织进行了专业的设计。本文通过运用国内较为常用的背景OD矩阵推算方法对现状背景OD进行了推算相关OD数据，之后通过交通仿真软件TransCAD对OD进行预测，得到了轨道施工期间的背景OD。最后在以上理论研究的基础上，以重庆市轨道交通5号线、10号线等大道施工期间的交通组织方案设计作为实证将理论运用到工程实践当中。

---

**图书在版编目（CIP）数据**

城区施工期间交通组织设计方法及实例/胡皓勇著. —西安：西安交通大学出版社，2024.9
ISBN 978-7-5693-0727-6

Ⅰ.①城… Ⅱ.①胡… Ⅲ.①城市交通—交通运输管理—研究 Ⅳ.①U491.1

中国版本图书馆CIP数据核字（2018）第147211号

---

| | |
|---|---|
| 书　　名 | 城区施工期间交通组织设计方法及实例 |
| | CHENQU SHIGONG QIJIAN JIAOTONG ZUZHI SHEJI FANGFA JI SHULI |
| 著　　者 | 胡皓勇 |
| 责任编辑 | 李　佳　毛　帆 |
| 责任校对 | 刘雅洁 |
| 出版发行 | 西安交通大学出版社 |
| | （西安市兴庆南路1号　邮政编码710048） |
| 网　　址 | http://www.xjtupress.com |
| 电　　话 | （029）82668357　82667874（市场营销中心） |
| | （029）82668315（总编办） |
| | （029）82668280 |
| 印　　刷 | 西安五星印刷有限公司 |
| 开　　本 | 787mm×1092mm　1/16　印张　13　字数　285千字 |
| 版次印次 | 2024年9月第1版　2024年9月第1次印刷 |
| 书　　号 | ISBN 978-7-5693-0727-6 |
| 定　　价 | 86.00元 |

如发现印装质量问题，请与本社市场营销中心联系。

订购热线　（029）82665248　（029）82667874
投稿热线　（029）82668818　QQ　354528639
读者信箱　354528639@qq.com

**版权所有　侵权必究**

# 前 言

我国很多城市正处于老城改造、新城建设的热潮中，正值调整城市结构与土地使用形态的有利时机。可以说，当前我国既面临着日益严峻的城市交通问题，也面临着建设生态城市绿色交通系统难得的发展机遇。因此，充分借鉴国内外城市与城市交通发展的经验教训，确定适合我国特点的城市与城市交通发展战略，是摆在我们面前的紧迫课题。鉴于我国人口众多、资源有限的特点，建设生态城市、绿色交通系统是我国城市的正确选择和发展方向。

本书首先从城区施工环境入手，针对施工环境中不同的分类进行了较为细致的研究，施工环境的不同直接影响到施工期间交通组织方案设计的合理性。在对施工环境进行研究分析的同时，还需要收集和整理大量的基础数据：首先，这些基础数据有很大一部分也将成为后期处理模型时所用到的基础数据；其次，本书针对城区交通施工的工法进行了研究，不同的施工工法需要的工期各不相同，并且产生的交通影响大小及范围也各不相同，因此施工工法的选择也是交通组织方案制定的重要参考条件；再次，制定城区施工期间的交通组织方案需要以施工期间的道路通行状况作为基本前提，因此对施工期间的交通组织进行专业的设计。本书通过运用国内较为常用的背景 OD 矩阵推算方法，对现状背景 OD 进行推算并得到了基础 OD 数据，之后通过交通仿真软件 TransCAD 对 OD 进行预测，得到了轨道施工期间的背景 OD，最终将这个 OD 量重新分配到路网上，得到了预测年的路网饱和度。

最后在以上理论研究的基础上，本书以重庆市轨道交通 5 号线、10 号线等大道施工期间的交通组织方案设计作为实证将理论运用到工程实践当中，首先科学地确定了施工期间的交通影响范围，对影响区域内的主要道路及交叉口进行了梳理；随后对交通影响范围内所有路网以及交叉口的相关基础数据进行调查统计，引入单向交通理念以及道路分流理论，并结合相关道路设计规范对影响区域内的道路和交叉口进行了新的渠化设计，为制定施工期间的社会车辆及公交车辆的疏导方案提供了重要的道路条件。

由于笔者理论研究尚浅、学识水平有限、实践尚需探索，书中存在诸多不足之处，敬请各位读者不吝赐教，批评指正。

作 者

# 目 录

## 第一章 绪论 ......1
- 第一节 研究背景及意义 ......1
- 第二节 国内外研究现状 ......2
- 第三节 研究内容及技术方案路线 ......3
- 第四节 相关概念 ......6

## 第二章 道路交通设计基础资料调查与分析 ......8
- 第一节 基础数据的收集与整理 ......8
- 第二节 基本设计参数的确定 ......13
- 第三节 道路交通现状评价 ......14
- 第四节 存在问题与基本对策 ......16

## 第三章 城区施工期间的交通影响特性分析 ......19
- 第一节 城区施工分类与特点 ......19
- 第二节 城区施工期间的交通影响概述 ......21
- 第三节 考虑施工影响的路段通行能力分析 ......22

## 第四章 城市交通管理与工程设计 ......27
- 第一节 道路交通组织 ......27
- 第二节 动态交通组织 ......31
- 第三节 单向交通系统 ......34
- 第四节 干线信号协调控制 ......38
- 第五节 公交信号优先 ......44
- 第六节 城市快速路匝道控制原理与方法 ......47
- 第七节 交通工程设计 ......54

## 第五章 城市道路交通空间设计 ......59
- 第一节 道路交通设计的规划条件 ......59
- 第二节 交叉口交通设计 ......62

第三节　路段交通设计 ······················································ 83
　　第四节　与公共汽车交通相关的交通设计 ···································· 94
　　第五节　交叉口协调设计 ··················································· 107
　　第六节　平面道路交通与景观的协调设计 ···································· 108
　　第七节　城市道路交通枢纽（站前广场）交通设计 ···························· 110
　　第八节　渠化设施设计 ····················································· 113

## 第六章　城市道路交通网络数据模型 ··········································· 117
　　第一节　概述 ····························································· 117
　　第二节　基于 GIS 的交通网络数据模型框架 ·································· 118
　　第三节　数据库表结构设计 ················································· 122
　　第四节　交通网络的拓扑结构表示法及数据模型实例 ·························· 126
　　第五节　动态路网的数据模型 ··············································· 133
　　第六节　GIS-T 数据模型的难点问题及发展动态 ······························ 137

## 第七章　城区交通微循环路网规划设计方法 ····································· 140
　　第一节　交通微循环系统 ··················································· 140
　　第二节　交通微循环路网规划模式 ··········································· 146
　　第三节　交通微循环路网规划指标 ··········································· 149
　　第四节　交通微循环路网组织 ··············································· 152
　　第五节　交通微循环路网生成与优化 ········································· 154

## 第八章　城区施工期间交通工程设施设置 ······································· 158
　　第一节　临时交通标志设置 ················································· 158
　　第二节　可变信息标志 ····················································· 163
　　第三节　变更车道标志 ····················································· 167
　　第四节　隔离设施 ························································· 168
　　第五节　施工期间电视监控辅助交通管理系统 ································· 174

## 第九章　典型交通组织设计案例分析 ··········································· 176
　　第一节　轨道交通 5 号线大龙山站施工期间交通组织方案 ······················ 176
　　第二节　轨道 10 号线金石大道占道施工期间交通组织方案 ···················· 184
　　第三节　轨道 10 号线长江站施工期间交通组织方案 ·························· 191

## 参考文献 ································································· 201

# 第一章 绪 论

## 第一节 研究背景及意义

### 一、研究背景

近几年,伴随着经济的高速增长,城市化进程也加快了步伐,有越来越多的城区施工工程开始投入建设,例如道路拓宽改造、地铁施工、管网铺设等。这些城区工程在施工的同时往往会占用有限的道路资源,给城市交通带来不小的压力,使得城市原有的交通供需矛盾更加突出。

长期以来,与欧美等发达国家的城市相比,我国大部分城市在道路网络规划的过程中,侧重于对干道的规划,而对于城市支路、街巷小路等较低等级的道路缺乏足够的重视。以快速路、主干道等为主的城市干道网络,是整个城市的运输骨架,承担着较为重要的交通运输职能。而许多大型市政工程(例如地铁车站、高架桥等)的施工地点,往往位于人流、车流较为集中的城市主干道上,必然会导致施工所在路段通行能力减弱,同时会给周边路网的交通带来一定的压力,严重的甚至会造成交通拥堵,给居民的生产生活带来了不利的影响。

在发达国家的城市里,拥有完善的支路网系统,遍布于整个城市的各个片区,具有比干道更高的路网密度以及更长的路线长度,对于疏解干道上的交通流、分担骨架路网上的交通压力具有重要的意义。而在我国大城市里,支路网系统并不完善,普遍存在着密度低、通达性差等问题,在大型的市政工程施工期间不能及时有效地对主干道的交通压力进行分流,往往会出现主干道路交通拥堵严重,而支路利用不足的现象,从而使施工地点周边路网的通行效率降低。城市的道路资源是有限的,光靠发展干道网络难以解决城市更深层次的交通问题,因此我们有必要把目光投放到干道以外的城市支路系统,充分发挥支路的交通微循环功能。

### 二、研究意义

城区施工期间的过程中,充分发挥施工地点周边路网的交通微循环功能,具有宏观和微观两个方面的重要意义:微观方面,可以将施工路段的交通流转移到周边路网中,使得由于主干道通行能力降低而受到阻滞的交通流,在施工期间能够得到有效的疏解,改善施工路段的道路交通状况;宏观方面,对施工地点周边支路网进行合理的改造以及交通组织,完善区域道路微循环系统,使施工地点周边路网车辆的分配更加均衡,提高路网的整体通行效率。

本书通过研究城区施工期间区域微循环路网的交通组织优化问题,为施工期间的合理交通组织提供一种可行有效的解决方法,并为大城市交通微循环系统的科学合理设计提供指导。同时,针对我国城市的交通特点,对于缓解施工期间干道交通拥堵的现象有一定的借鉴意义。

本书也会对具体的交通微循环系统改善措施加以阐述,例如支路网规划、单行交通组织、主干道交叉口禁左等。这些机动车管理方法在实践中越来越多地被应用,它们对交通的改善效果也特别明显,并且这些方法的投入非常少,见效特别快。这些措施的运用过程中涉及对城市道路网络的优化设计,也会有存在争议的地方,因此从理论上进行系统的研究是当务之急。

## 第二节　国内外研究现状

### 一、国外研究现状

在世界上第一条地铁——伦敦地铁,于19世纪60年代开通后,整个地铁建设的历史距今已有约160年,世界上许多国家的大型城市,如巴黎、莫斯科、纽约、东京、首尔、曼谷等均修建有地铁。由于早期没有合理的交通组织方案,这些城市在地铁施工期间,整个城市的道路交通都承担着巨大压力,人们的正常出行受到了严重制约。

这种状况持续到1960年,之后,全世界各个国家不同时间出台了针对大型地面及地下工程建设的环境法案。在修建城市轨道交通之前,通常先实施环境影响评价,其中交通影响评价是环境影响评价中分量比较重的一个指标。在北美洲国家就有相关的国家环境法规和各州的环境质量评价体系,所有的大型工程只有其相关的交通影响评价被民众审议通过,该工程才能被批准实施建设。对于一些地处欧洲的国家包括英国、德国、法国等也有同样的法规,一般涉及交通影响评价的大型项目会做得很认真。交通影响评价主要体现在以下几个方面:对公共交通乘客模型产生的影响,对其他轨道交通产生的影响,对路面一般公共交通产生的影响,对小汽车交通产生的影响,对停车产生的影响以及对行人产生的影响。

另外,在道路工程施工影响范围的交通组织方面,国外学者及相关机构做了大量的研究分析,如美国的MUTCD(交通控制设施标准手册)中的Temporary Traffic Control(临时交通管制)。这部分内容就公路施工区域交通组织方案以及相关交通管控措施的制定进行了细致的描述。1981年,Pain等学者编制了城区施工期间施工及养护作业区交通控制策略评价报告,报告中阐述了通过施工及养护作业区的车流行驶速度随着车道围挡及封闭形式(半幅左侧围挡、半幅右侧围挡及中间围挡)、交通管理标志设置位置等的不同而存在着较大的差异。1985年,Rauphail等学者对城区施工期间施工区附近车流特性进行了研究,从而确定了影响通过施工作业区车流速度的因素。

在施工作业区域车流冲突分析方面。1999年,Partrick S. Byrd 及 Geza Pesti 等学者分析研究了施工合流区的交通事故。研究表明,事故的主要原因是车辆强行合流,个别车辆压线行驶干扰其他车辆通行,以及大车并排缓行造成车道阻塞等,其中强行合流是最主要的事故原因。

在施工期间的交通管理措施研究方面,国外学者也做了大量的研究,为保证施工作业正常进行以及通过车辆的安全,1982年,Dudek和Richard研究了不同交通管理措施下的事故形态。1987年,Janson等学者提出了减小施工区影响的交通管理控制措施,包括对施工区域内的交通进行组织优化,提出合理的交通管理措施,合理地划定施工围挡范围等。2003年,日本学者冈田宏在《东京城市轨道交通系统的规划、建设和管理》一文中提到,城市轨道交通系统在规划时就需要考虑其施工对交通的影响,提早制定合理的交通管理措施以保证轨道交通建设工期。

## 二、国内研究现状

在关于施工期间交通疏解的研究方面,杨庆祥等通过对城市施工区的道路进行Vissim交通仿真,深入分析了影响施工区道路通行能力的各个因素,包括大型车比例、施工作业区长度以及围挡方式等,并且对这些影响因素进行量化分析,得出考虑施工影响的路段通行能力计算方式。如南京地铁二号线在施工时,根据站点的位置进行不同的分类,提出从多层次多种方法的角度进行施工站点的交通组织,其主要的疏解措施有施工方式的优化、施工前分流道路的改造、对道路网络进行优化设计以及修建施工区临时便道等,并收到了良好的成效。

谢剑彬、赵伟等学者在《城市轨道立交施工中周边环境的保护与交通组织》一文中,通过对上海轨道交通宜山路—虹桥路施工段的道路翻交、管线保护、交通组织、过路方案及交通安全保障等方面的研究,提出了合理的措施和方案来降低周边环境受到的影响。

杨华、杨涛、周同雷等学者在《城市轨道站点工程施工期间交通疏解分析——以南宁市轨道一号线试点站场为例》一文中,针对南宁市轨道一号线试验站点综合交通工程为例,深入研究了施工方案的选取、交通疏解的思路以及方案的制定,并运用专业仿真软件对方案进行了评价。

同济大学的黄丽彬在其硕士学位论文《大城市轨道交通站点对地区发展的影响评价研究——以上海徐家汇轨道枢纽为例》中,从微观层面入手,细致地分析了上海徐家汇轨道枢纽建设对周边地区交通和经济方面的影响,包括影响机制、促成条件等。

# 第三节 研究内容及技术方案路线

## 一、研究内容

城区施工期间的交通组织方案研究系统性较强,研究内容也较为广泛,包含了综合交通规划、交通工程学、城市交通管理措施等多个方面的内容。

本书通过大量的道路交通调查和分析研究,依据 Tsis 交通仿真软件和 TransCAD 交通分配软件的辅助及其二次开发,深入研究了主线路基部分、各互通式立交、分离式立交在施工期间的方案,桥梁加宽过程中的交通组织方案,特殊与紧急情况下的预案及其相关城市道路交通分流路线方案,施工期间交通标志、标线等交通工程设施的设置方案,施工车辆进出城区施工期间的解决方案,雨、雪、雾等恶劣天气下的预案,电视监控辅助交通管理系统的设置方案,交通事故处理办法和点的设置方案等问题;同时,结合沈大、广佛、沪杭等城区施工期间方案实例,分析我国城区施工期间的交通特点,运用微观交通仿真软件对城区施工期间施工区通行能力进行分析,研究制订城区施工期间交通组织方案,并对交通组织方案进行评价及优化。

本书研究的主要内容如下。

**1. 城区施工期间方式探讨**

分析城区施工期间的交通组织基本原则,对城区施工期间的交通组织基础条件、交通组织方案的建立流程进行相关阐述;同时,对城区施工期间常用的改扩建方式及其方案进行研究,分析各种改扩建方案的优缺点及适用范围,为城区施工期间方案制订提供参考。

**2. 城区施工期间交通特性调查分析**

介绍道路交通流运行特征数据采集的目的和设备,并对交通调查的样本量的确定、数据的处理与分析进行阐述;详细介绍交通量调查、车速调查、交通密度调查、车辆行程时间调查等交通调查方法。

**3. 城区施工期间交通组织方案设计**

根据城区施工期间结构形式和施工特点,将城区施工期间分为主线路基、路面、互通式立交、分离式立交、大中桥梁等几个部分,紧紧围绕工程施工组织方案进行了交通组织方案的设计。此外,还介绍了工程施工期间施工车辆进出城区施工期间组织方案、施工期交通管制以及特殊情况下的交通组织方案等。

**4. 城区施工期间交通工程设施设计**

为了确保城区施工期间施工作业安全,保证拆除城区施工区路侧交通标志后给驾驶员提供必要的道路交通信息,须对原有的道路交通标志和安保设施予以拆除和移位,并设置完善的临时道路交通标志和安保设施。

**5. 城区施工期间交通组织方案仿真分析**

对目前较常用的两种微观交通仿真软件 Vissim 和 Tsis 进行介绍,以重庆市轨道交通五号线大龙山站施工期间交通组织方案为例,运用微观仿真软件 Tsis 对城区施工期间方案进行交通仿真系统的分析与研究,对交通组织方案进行评价比选。

**6. 城区施工期间道路服务水平评价**

对城区施工期间服务水平进行系统分析,提出了城区施工期间服务水平的评价体系,运用定性与定量相结合的方法从道路条件、交通运行、运营管理与运行安全等四个方面对城区施工期间服务水平进行了详细分析。

## 二、技术方案路线

本书进行研究的技术方案路线图如图 1-1 所示。

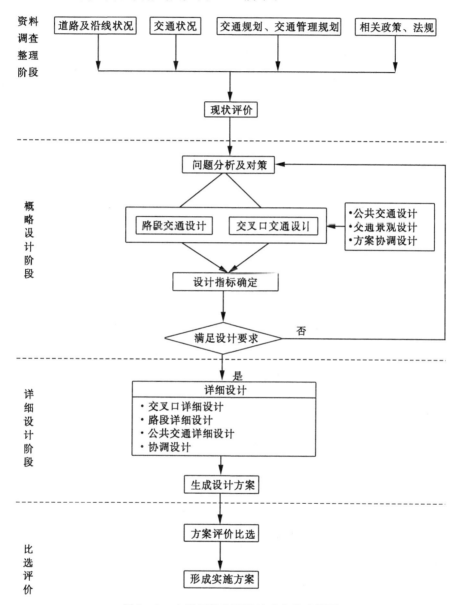

图 1-1 交通组织方案的技术方案路线图

# 第四节　相关概念

## 一、施工期间交通组织的定义

通常所说的道路交通组织,是指道路交通管理部门根据国家有关法律、法规,综合运用交通工程技术、相关法律法规以及行政管理等措施,对道路上运行的交通流实施疏导、指挥及控制等工作。道路交通组织设计是在道路规划设计中对道路交通流预先进行组织设计,为确定道路的断面形式和道路交叉形式,设置交通标志、标线、信号灯以及制订交通管制对策提供依据。

城区施工期间交通组织,不但具有上述道路交通组织内容的一般含义,还具有其特殊性质。在城区施工状态下,保证原有交通行车空间能够正常通车,保证行车空间与施工场地之间进行安全有效、有序的隔离,使道路通行能力满足交通需求,是城区施工期间交通组织与一般意义上的道路交通组织不同之处。

城区施工期间,无论采用何种施工组织方式,必然对原有的交通流产生干扰,从而影响道路的正常行车。其主要表现为:扩建施工时,路侧施工对原有道路正常交通流的干扰;路侧净空间和视距不足造成的道路通行能力降低;因施工组织需要造成的车辆频繁分道、并道行驶等。目前,高速公路在公路交通运输中的作用日益显著,高速公路沿线交通运输对其依赖性日益增强。因此,在城区施工期间过程中,如何保证交通流的正常运行、减小因改扩建施工对交通流的影响、保证道路行车畅通安全,成为城区施工期间中一个亟待解决的问题。它不仅关系到城区施工期间所在路网的运行效率,而且对沿路的经济发展和社会舆论会产生直接影响。因此,城区施工期间不但涉及桥梁构造物拼接、路基拼接以及旧路改造等工程技术问题,而且要解决属于社会科学和管理科学的交通流组织问题。

## 二、交通组织的目的及其作用

道路交通组织设计的目的是充分发挥现有道路网的效能,合理地协调道路网局部利益与整体利益之间的关系,使车辆在整个研究区域的道路网上有序高效地运行,从而最大限度地节约道路网络资源,消除道路交通事故隐患,使道路网络的整体交通量与其通行能力相协调,以缓解道路交通矛盾,实现研究区域内道路交通的良性运行。根据交通组织设计成果来建设、管理道路,可以使交通流更均衡、合理地利用道路资源,避免道路资源的浪费,减少某些路段或节点(道路交叉口)因道路资源缺少而造成的交通拥堵,保证道路交通的正常运营安全。

高速公路作为经济运输动脉,影响或制约沿线产业布局和城镇规划,与沿线居民生产生活环境密切相关。城区施工期间必须在短时间内完成,以最大限度减轻对交通的干扰。但是,由于"重工程设计、轻交通设计"的思想影响,在城区施工期间设计中对交通组织设计研究得很不够,有的甚至在设计阶段还没有做交通组织设计,直到施工时仓促组织,缺乏系统和整体思想,导致在改扩建施工过程中交通组织无序、交通疏导盲目,经常造成长时间交通拥堵等被动局面。为此,应全面分析城区施工期间全过程对交通和安全造成的影响,高度重视城区施工期间设计阶段的交通组织设计,主动组织和引导交通。

## 三、交通流组织的影响因素

在城区施工期间,交通流组织受诸多因素影响。这些因素对交通流组织影响的时间、阶段和程度等各不相同,对其影响的作用也有强弱之分。高速公路改扩建期间交通流组织需要考虑的因素,可分为内部因素和外部因素。其中,内部因素起着决定性作用,外部因素起着制约性作用。

**1. 外部因素**

对于外部因素,首先要考虑政治需要、社会经济发展、旅游及产业分布、居民出行等因素。自高速公路问世以来,其在社会经济发展过程中发挥着支柱作用,社会经济发展对高速公路的依赖性也越来越强。在城区施工期间,工程施工干扰了原有的交通流秩序,使高速公路无法发挥其原有功能,也干扰了对其依赖性较强的社会经济发展、旅游业、产业发展等的正常运作。因此,城区施工期间必须研究扩建道路沿线上述外部因素,以便在交通流组织时减少对其干扰。社会经济发展、旅游及产业分布、居民出行等因素总称为宏观因素。其次,要综合考虑施工区域所在交通网的功能。此外,还要考虑地理环境、天气等自然因素,这些属于外部客观因素,对交通流组织影响较小。同时,通过对交通流组织优化来减少这些因素影响所取得的效果有限,因此,这些因素是交通流组织影响因素中的次要因素。

**2. 内部因素**

内部因素是交通流组织的主要因素,起着决定性作用。从交通流组织的整个过程看,交通流组织方案的制订、实施、监控等流程涉及交通管理方、道路施工方和道路用户三方。交通管理方在制订交通流组织方案时,其目标是方案合理、操作简易,需要考虑的因素有改扩建期道路的交通量、通行能力以及施工方的施工组织方案等三方面因素,对这三方面因素进行权衡后确定最优方案。道路施工方制订施工组织方案时,目标是方案合理、有利于开展施工以及保证施工进度和质量。施工组织方案类型决定道路通行能力,为保证道路处于一定的服务水平,制订施工组织方案时就需要考虑交通量这一因素。道路用户选择出行路径时,目标是出行方便、费用最少、道路服务水平良好。因此,道路用户的出行路径选择要考虑扩建道路交通量的大小和通行能力、交通管理方式(如禁止大型车行驶、分时交通管制等)。

综上所述,城区施工期间交通流组织的各种因素不是独立存在的,而是相互依存、相互影响、相互制约的。交通组织设计的目的,是在考虑各种影响因素的基础上,对施工期间的交通流进行优化设计,尽可能降低城区施工期间对老路交通的干扰,方便沿线群众出行,充分发挥老路的社会经济效益,减少社会负面影响。因此,交通组织设计是保证城区施工期间顺利实施的关键环节。

# 第二章　道路交通设计基础资料调查与分析

进行道路交通设计时,需要道路及其动态交通相关的诸多基础资料。

对于新建道路的交通设计,尚无现状的交通资料,只有道路规划等级、设计车速、红线宽度与位置,以及道路沿线的大型交通发生或吸引点的位置,设计年限的预测交通量等有限的基础资源。

对于改建和治理性的路段、交叉口及交叉口群,需对交通、道路、沿线的现状以及交通管理现状、未来的交通发展方向有一个详细的了解。同时,还需要基于现状的交通量预测设计交通量,该流量应该在交通管理规划中给出。若未做交通管理规划,应通过一定范围的交通分析获得。

## 第一节　基础数据的收集与整理

### 一、调查内容与相关事项

**1. 道路条件调查**

道路的几何构造条件,可根据表2-1列出的调查内容整理获得。表2-1不仅能在道路交通设计准备阶段帮助把握交通现状,而且在概略设计和详细设计阶段,对比较路段与平面交叉口情况等也有重要的作用。

表2-1　道路几何条件调查表

| 项目 | 单位 | 道路名 | | | |
| --- | --- | --- | --- | --- | --- |
|  |  | A路 | B路 | C路 | D路 |
| 道路等级 | — | | | | |
| 断面形式设计车速 | km/h | | | | |
| 设计车辆 | — | | | | |
| 红线宽度 | m | | | | |
| 车道数 | 车道 | | | | |
| 车道宽 | m | | | | |
| 中央分隔带宽 | m | | | | |
| 机非分隔带宽 | m | | | | |
| 非机动车道宽 | m | | | | |
| 人行道宽 | m | | | | |

关于道路交叉口状况的基础数据,可以依据表2-2、表2-3所示的项目加以调查。

表2-2 交叉口几何条件调查表(1)*

| 项目 | 单位 | 进出口方向 | | | | | | | |
|---|---|---|---|---|---|---|---|---|---|
| | | A | | B | | C | | D | |
| | | 进口道 | 出口道 | 进口道 | 出口道 | 进口道 | 出口道 | 进口道 | 出口道 |
| 中央分隔带宽 | m | | | | | | | | |
| 机非分隔带宽 | m | | | | | | | | |
| 非机动车道宽 | m | | | | | | | | |
| 人行道宽 | m | | | | | | | | |
| 断面形式 | — | | | | | | | | |
| 设计车速 | km/h | | | | | | | | |
| 设计车辆 | — | | | | | | | | |
| 路幅宽度 | m | | | | | | | | |
| 车道数 | 车道 | | | | | | | | |
| 车道宽 | m | | | | | | | | |
| 车道功能划分 | — | | | | | | | | |

注:相交道路多于四叉时,可以增加进出口方向栏目,以下按相同办法处理。

表2-3 交叉口几何条件调查表(2)

| 项目 | | 单位 | 进出口方向 | | | |
|---|---|---|---|---|---|---|
| | | | A路 | B路 | C路 | D路 |
| 纵坡 | | % | | | | |
| 左转专用道 | 展宽段长度 | m | | | | |
| | 渐变段长度 | m | | | | |
| 右转专用道 | 展宽段长度 | m | | | | |
| | 渐变段长度 | m | | | | |

**2. 交通条件调查**

交通条件调查包括交通流构成(流量、流向、车型)、交通安全条件、交通通行规则与管理条件等,如表2-4所示。

表 2-4 交叉口交通条件调查表

| 资料类别 | | 说 明 |
|---|---|---|
| 交通流构成 | 分流向、车种的小时交通量 | 早高峰时段 15 分钟高峰交通量,必要时用 2~3 小时或 12 小时交通量,车种分为大型车与其他两类,特别应区分公共汽车交通量。必要时包括相邻交叉口及附近支路的交通量 |
| | 非机动车交通量 | 注意高峰小时交通量出现时段 |
| | 行人交通量 | 注意高峰小时交通量出现时段 |
| 交通事故记录 | | 近几年内的事故记录(类型、成因与程度及其发生的时间和地点) |
| 交通规则状况 | | 路段及交叉口通行规则、停车规则 |
| 交通流组织管理 | | 与单行线、禁行流向对应的时段标志、标线等 |
| 交通控制状况 | | 控制方式和配时周期、相位、相序等 |

**3. 交通环境调查**

交通环境调查包括交通噪声、废气、振动、景观、绿化等分布情况。

**4. 附属设施调查**

附属设施调查应重点了解包括灯杆、电杆、垃圾箱、邮箱、电话亭等的布局及其合理性。

**5. 市民意见调查**

市民意见调查指对交通改善地段或交叉口周边向过路的市民征询相关意见。

**6. 现场踏勘内容**

为了掌握现场的状况,实地踏勘是很重要的。特别是改善交叉口时,为了充分掌握现场状况及问题点,有必要在高峰时段、事故多发时间带等,进行适当的实地踏勘。为了不遗漏,有必要准备包含如表 2-5 所列内容的调查表。

表 2-5 实地踏勘检查记录表

| 项 目 | 内 容 |
|---|---|
| 道路及其附属设施的状况 | (1)路面、铺装、排水等状况;<br>(2)道路标志、标线等情况;<br>(3)信号灯、照明设施、绿化及一些障碍物的位置;<br>(4)车流轨迹平顺与否,视距是否满足 |
| 道路沿线的状况 | (1)沿线出入口的情况、建筑红线等;<br>(2)周边大型交通发生设施的位置,交通情况;<br>(3)道路展宽的可能性;<br>(4)公交停靠站的位置、运行状况,停靠站迁移的可能性 |
| 交通状况 | 交通流构成(流量、流向、车型)、交通安全条件 |
| 交通管理与控制状况 | (1)有无禁行管理措施,交通管理的标志、标线是否完备;<br>(2)交通控制方式、信号周期、相位数及绿信比等 |

续表

| 项　目 | 内　容 |
|---|---|
| 行人与自行车交通状况 | (1)行人过街的安全是否得到保证；<br>(2)自行车流量大小,自行车运行情况 |
| 环境情况 | 废气排放及噪声污染情况 |
| 市场意见 | 满意程度,改善建议 |

**7. 相关资料的收集**

主要收集上位工作及以往的规划、设计、管理和政策相关的资料,主要内容包括：
①"《城市规划》"相关文本；
②"《城市交通规划》"相关文本；
③"《城市交通管理规划》"相关文本；
④相关的交通法规、交通政策资料；
⑤道路平面图(1∶500 或 1∶1000)。

## 二、道路及其沿线状况的调查

**1. 道路基本状况**

为了对道路几何构造问题进行分析,研讨其改善方针及可能性,需收集必要的数据,可按表 2-1 的内容进行调查。

同时,由于植栽、道路照明等附属物可能会给交通的安全和畅通性带来影响,所以应从驾驶员和行人的角度审视相应附属设施布局的合理性。

在做交叉口改善的时候,分隔带、机动车道、非机动车道与人行道等的宽幅也是必须调查的内容。

**2. 交叉口现状**

可将交叉口的几何构造和渠化可做成 1/500~1/1000 的平面图,同时,在图上标示出信号灯、照明灯和障碍物显示灯(黄色闪烁灯)等安全设施的位置。

由于交叉口的路面坡度会影响到车辆行驶速度和轨迹,所以应予以调查。另外,路面排水状况直接影响到行人通行的舒适性,所以有必要向道路沿线的居民、商户等询问关于排水口的位置、雨天积水等情况。

交叉口的调查还需要观察各进出口道交通流行驶的平顺性。

**3. 道路沿线现状**

道路沿线地块车辆的进出、路上停车等都会直接影响到道路的使用效果。特别当有大规模停车场的商业设施和公共设施出入口靠近交叉口时,有必要充分掌握含节假日和周末在内的出入交通等的实际状况。此外,在交叉口附近停车会造成交通容量的低下,所以有必要在调查停车实际状况的同时,分析排除这种情况的可能性。

另一方面,还应对公共汽车停靠站的合理性,公交车的运行状况、上下客流量,以及停靠站位置迁移的可能性等,做相应的调查。特别是在高峰时段里,最好目视或用摄像机拍摄等方式来观察其对交通流的影响程度。

## 三、交通流行驶及其交通规则等现状的调查

### (一) 交通量调查

应针对交通问题发生的时间段进行交通量调查。该时间段可以考虑为平日的早晚高峰时段或事故发生时段。

关于交叉口的交通量调查,通常最好以 15 分钟为计测单位观测各进口道各流向的交通量。计测时间单位也可长至 60 分钟。

### (二) 交通管理情况

**1. 交叉口的交通规则**

直接影响交叉口交通流的通行规则有以下几条:

① 禁行规则(禁止左转等);

② 按不同行进方向设置专用车道(左转专用车道、右转专用车道、直行车道等);

③ 单向通行。

这些不仅直接关系到交叉口的渠化,还会影响到临近上、下游交叉口的交通控制,所以调查对象除该交叉口外,最好把现场调查的范围扩大到临近的相关重要交叉口。

**2. 进口道的交通规则**

一般有禁止停车、限制最高速度的规定,以及专用车道、优先车道(公共车道、自行车道等)、定时停车区、禁止停车区(消防所出入口等)等通行准则。

**3. 指示标志等状况**

近交叉口的指示标志和规则标志的位置及其醒目程度和明确度,都是影响通行的重要因素,因此,应对其实际情况加以调查。

## 四、事故数据的收集与分析

### (一) 事故数据的收集

交通事故大多发生在交叉口内及其周边地带,在交叉口设计时,必须调查与交叉口有关联的交通事故的发生状况。

在进行交叉口的交通事故件数统计分析时,有必要收集数年的资料,不仅要收集人身事故数据,同时还要尽可能收集分析财物损失事故的数据。此外,为了把握交通事故的周期变动、季节变动、历年变化情况,应尽可能多地收集数据。事故资料的表现如下:

(1) 事故发生地点——可以投影到 1/500 平面图上等;

(2) 被害程度——死亡、负伤、财务损失等的区别;

(3) 事故类型——车辆前后碰撞、头部相撞等的区别;

(4)车种——四轮以上、两轮、自行车、步行者的区别；

(5)当事人的行为模式——左右转、横穿道路等的区别；

(6)天气——晴、雨、雪、雾等的区别；

(7)时刻——发生时刻,昼夜的区别；

(8)年月——年月及季节的区别。

以上数据每一件都可使用记号记录到事故发生状况图中。

**(二)事故数据的分析**

**1. 交叉口安全性的估计**

比较调查对象的交叉口和其他相同交叉口的安全性,特别是,首先有必要对是否存在安全性问题做大致分析,但关于交叉口安全性的评估方法尚没有完全确立。

**2. 挑选显著事故类型**

在所调查的交叉口,如果有特定的事故类型多次发生,那么这个交叉口的道路构造和交通控制等可能存在某些问题,所以应挑选出显著的事故类型。一般情况下,交叉口具有代表性的事故类型如下：

车辆前后碰撞、车头相撞、左转时侧面冲撞、右转卷入、车辆与人行横道的行人相撞。可以基于以下的观点来调查这些事故,若存在因果关系,则可总结出对策。

(1)昼夜事故发生状况的差异——夜间交叉口视觉的改善；

(2)天气不同导致的事故差异——制订预防雨天打滑的策略等；

(3)不同季节事故的差异——对下雪、寒冻的对策；

(4)混乱程度不同事故的差异——疏通或者减速对策等。

交通事故由于具有偶然性,所以即使在事故多发地点,事故发生件数也随年份不同有很大变动。因此应按事故类型分别调查历年变化的情况。

**(三)交叉口现状与事故的关联性**

交通事故首先是由于驾驶员的不慎所致,其次道路构造和交通流等许多因素也是导致事故发生的重要原因,因此应分析交叉口的几何条件与事故的关联性。

# 第二节　基本设计参数的确定

## 一、设计交通量的确定

视新建和改建道路的不同,其设计交通量的确定方法也不同。治理已有交叉口时,一般做法是使用实际测得的交通量。改建的交叉口,一般应用设计年限,此时需要设计年限的预测交通量。

**1. 使用实测交通量的情况**

一般最好调查白天 12 小时交通量,掌握各进口道、各方向上分车种交通量的时间变动。但在实际设计时,通常使用的是高峰时段(早高峰或晚高峰)的交通量。当各进口道高峰交通发生的时刻不同时,应注意选取最不利的统一高峰交通量。此外,有时高峰交通持续只有 30 分钟,汇总时,将每 15 分钟划分为一个单位,将其中的最大值乘以 4 后即可得到 1 小时交通量。采用这一交通量进行交通设计时,比使用实际 1 小时交通量更留有余地。

还有,当交通阻塞时,交叉口的到达交通量比流出交通量多,这个差即为阻塞长度的增加部分。所以应该在设计中反映出的不是直接计测到达交通量,而是将每个观测时间带中阻塞长度的增加部分换算成交通量,加算到流出交通量中。

**2. 使用预测交通量的情况**

一般可基于城市的交通管理规划的研究结果,得到预测交通量。对于新建道路的交叉口,交通流量可从城市交通规划的研究成果中获得,这里不再赘述。

## 二、设计速度的设定

**1. 设计速度与平面交叉口规划及设计的关系**

设计速度与平面交叉口的设计有密切的关系,其直接关系到平面曲线半径、纵曲线半径、视距、车道展宽段及渐变段长度、附加车道的渐变段长度的确定等。

**2. 设计速度的设定**

一般情况下交叉口的设计速度取路段的 0.5～0.7 倍,直行车速可取大值,转弯车辆取小值。

## 三、饱和流量的确定

饱和流量一般通过观测确定。实测得到饱和状态下的车头时距 $t$,由公式

$$S = 3600/t$$

计算最佳饱和流量。

观测方法:从绿灯启亮开始计时,记录下排队头车启动的时刻,前轮通过停车线的时刻,然后记录下后续每辆车前轮通过停车线的时刻。寻找通过车队连续车头时距变化不大的一组车头时距,取平均值即为要观测的饱和车头时距 $t$。为了获取标准车种的饱和车头时距,还应选择小车为主的车队进行观测。

# 第三节 道路交通现状评价

## 一、定性评价

现场观察道路路段及交叉口交通流的运行情况,可以评述交通的秩序(进出交通对主路

交通流顺畅性的影响,行人乱穿马路的情况,以交通环境的感官效果,道路资源的充分利用情况,以及公共交通的准时性,市民对周边交通及公共交通的满意度等。定性评价说明见表2-6。

表2-6 定性评价说明

| 项目 | 路段 | 交叉口 | 公共交通 |
|---|---|---|---|
| 交通秩序 | (1)机动车交通流的顺畅性;<br>(2)行人、非机动车是否乱穿马路 | (1)各向交通流的冲突、交织情况是否严重;<br>(2)非机动车过街的混乱程度 | 换乘车站与始末站的交通秩序 |
| 交通环境 | (1)人行横道的通行空间;<br>(2)交通景观及污染 | (1)交叉口内影响交通流的障碍物;<br>(2)交通景观及污染 | 公共交通的运行环境 |
| 交通便捷性 | (1)无障碍设计;<br>(2)行人过街的位置 | (1)无障碍设计;<br>(2)停车线的位置 | (1)公交车的准点率;<br>(2)公共交通换乘 |

## 二、定量评价

定量评价包括交叉口的通行能力、延误、排队长度等,路段的加减速次数、行驶时间、平均车速,交通事故的发生率,公共交通出行方式所占的比例,公共交通的满载率、行程时间等。

道路交通现状定量评价指标见表2-7。

表2-7 道路交通现状定量评价指标

| 评价对象 | 评价指标 |
|---|---|
| 路段 | 加减速次数 |
| | 行驶时间、行程时间 |
| | 平均车速 |
| 交叉口 | 通行能力 |
| | 饱和度 |
| | 延误 |
| | 排队 |
| 公共交通 | 满载率 |
| | 行程时间 |

## 第四节　存在问题与基本对策

道路交通问题对策诸多,交通改善设计是其重要的措施之一。对于路段来说,交通设计主要是使交通与环境更加协调,理顺路段的交通秩序,改善瓶颈现象,解决路段行人过街等问题;对于已有交叉口交通问题的改善,其主要目的是使混乱的交通有序化,提高通行能力,防止交通事故,这便是道路交通设计的基本方针。

### 一、路段交通存在的问题与对策

路段交通常存在的问题与对策见表2-8。

表2-8　路段交通常存在的问题与对策

| 存在问题 | 基本对策 |
| --- | --- |
| 路段乱停车 | 以不影响动态交通为前提,划定明确的停车区 |
| 进出交通干扰主路交通 | 通过合理的管制措施和设计方案,降低干扰 |
| 行人乱穿马路 | 确定设置人行横道的合理位置与合理间距 |

### 二、交叉口交通存在的问题与对策

交叉口交通主要应该解决的课题见表2-9。

表2-9　交叉口交通常存在的主要问题分析

| 问题点 | | 问题表现形式 |
| --- | --- | --- |
| 交通阻塞 | 通行能力不足 | 车道数不足 |
| | | 车道过宽或过窄 |
| | | 车道功能不合理 |
| | | 相位组合对称设置 |
| | | 信号相位衔接不合理 |
| | 交通需求分布不均 | 交通饱和度分布不均匀 |
| 安全事故 | | 交通岛的大小与位置不合理,影响左转车辆的安全 |
| | | 由于绿化或其他设施的存在,影响行车视距 |
| | | 人行横道过长,行人过街安全无法保障 |
| 不便性 | | 缺乏或使用不当的交通语言 |
| | | 交叉口处不当的障碍 |
| | | 人行横道上的障碍 |

续表

| 问题点 | 问题表现形式 |
|---|---|
| 其他设施 | 人行横道位置不合理 |
|  | 标志、标线不清 |
|  | 信号灯的功能不明确 |

与交叉口有关的这些问题点并不是单独存在的,它们相互间有着复杂的联系。所以,解决某个问题时,有可能同时解决了其他问题,另一方面,也可能会引起新的问题。

一般交叉口交通改善的基本对策见表 2-10。实际应用时,可将这些对策加以组合,并根据现场状况,确定以不会引起新问题为基本方针。

表 2-10 交叉口交通问题对策说明

| 对　策 | | 对策说明 |
|---|---|---|
| 路面标示的设置和改善<br>(车道线运用和变更)* | | (1)中心线偏移;<br>(2)车道线的设置与改善;<br>(3)左转、右转专用道的设置与改善 |
| 路面标示的设置和改善<br>(人行横道、自行车过街横道等)* | | (1)人行横道的设置与改善;<br>(2)人行横道指示标线的设置;<br>(3)自行车过街横道的设置和改善;<br>(4)停车线位置的改善 |
| 路面标示的设置和改善<br>(导流岛、导流线的设置和改善)* | | (1)右转导流标线的设置和改善;<br>(2)左转导流标线的设置和改善;<br>(3)导流岛的设置和改善 |
| 交通信号改善* | 信号机的设置和改进 | (1)信号机的设置;<br>(2)信号机位置的改进;<br>(3)信号机功能的改进 |
|  | 配时方案改善 | 周期、相位及相序的调整 |
| 交通组织的变更 | | 单行线 |
| 畸形交叉口的改善 | 斜交路口的改善 | 尽可能改成正相交 |
|  | 多支交叉口的改进 | 禁止某些流量较小的流向通行 |
| 中央分隔带的改善 | | 设置、改善或撤去中央分隔带 |
| 铺装的改善 | | 醒目的彩色铺装及制动条件的改善 |
| 人行道、行车道的改善 | | 促进两类交通流统一的工程与管理措施 |
| 视距的改进 | | 清除影响视距的障碍 |
| 交通安全设施的设置与改善 | | 完善标志、标线(特别是明确通行权的标志牌) |

注:带*者为交通管理面层的对策。

在进行交叉口交通改善设计时,要充分把握表 2-9 中的问题点及其成因,运用草图进行基本方案的研究。对被认为符合基本方针的方案,进行概略的设计。

## 三、公共交通存在的问题与对策

公共交通存在的主要问题及对策见表 2-11。

表 2-11 公共交通存在的主要问题及对策

| 主要问题 | 对 策 |
| --- | --- |
| 停靠站位置不合理 | 调整站距或位置微调 |
| 不准点 | 设置公交优先系统,减少社会车辆对公交的影响 |
| 缺乏相关的交通信息 | 强化公交信息系统的建设 |
| 公交专用道的设计与管理不当 | (1)公交车站的设置和改善;<br>(2)交叉口处公交专用道的处理;<br>(3)路中式或路边型公交专用道的合理运用 |

随着轨道交通在大城市的发展,轨道交通的规划与设计缺乏与其他交通设施有机地协调,从而导致轨道交通与其他公共交通设施之间的换乘不便,以及轨道交通之间的换乘不便。解决这些问题的关键是轨道交通的发展要有统一的规划,轨道交通的站点与其他公共交通的站点应实现在竖直方向的换乘,尽量减小乘客在水平方向的移动。

# 第三章 城区施工期间的交通影响特性分析

## 第一节 城区施工分类与特点

### 一、城区施工项目的分类

根据施工过程中施工地点的分布,可以将城区施工工程分为点、线、面三类,如图3-1所示。

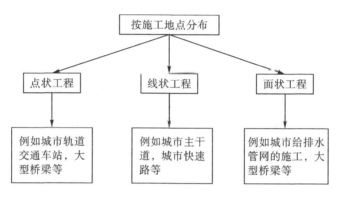

图3-1 按施工地点分类图

本文主要针对施工地点呈现点状分布的工程进行研究和分析。

根据施工过程中对道路的占用情况,可以将城区施工工程分为完全占道施工工程、占用部分道路施工工程以及不占道施工工程三种,如图3-2所示。

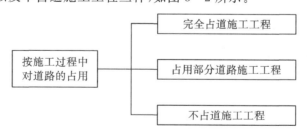

图3-2 按施工过程对道路的占用

(1)完全占道施工工程指的是对整幅道路进行完全封闭并集中施工的工程项目。这种情况下往往需要中断道路交通,车辆需要绕道行驶,这就增加了临近道路的交通压力。另外,公交线路需要重新调整,同时对周边建筑的对外交通以及行人的正常通行造成一定的影响。

(2)占用部分道路施工工程指的是占用一侧全部或部分道路进行施工的工程项目。对道路的部分占用会使道路通行能力减小,容易形成交通瓶颈,部分交通流量转移到影响范围内的其他道路上,增加了临近道路的交通压力,公交站点及线路可能需要调整。对周边建筑的对外交通以及行人的正常通行也会造成一定的影响。

(3)不占道施工工程指的是施工过程中基本不占用道路的工程项目。这种情况对道路交通的影响程度较小,但施工地点的车辆的出入同样会对相邻道路的交通产生一定的影响。

## 二、施工路段基本特性分析

大部分的城区施工采取占用部分道路施工的方式,工程是在半封闭的施工作业路段中进行的。施工作业路段附近车流量大、交通环境差。此外,施工路段一般需要设置与施工相关的标志、标线、渠化设施、障碍物,并配备了施工作业车辆。为了确保道路使用者的行车安全和施工作业人员人身安全,一般施工路段具体可以划分为以下几个部分,如图3-3所示。

1—施工预告段;2—上游过渡段;3—缓冲段;
4—施工作业段;5—下游过渡段;6—解禁段。

图 3-3 施工路段划分

**1. 施工预告段**

施工预告段位于施工作业区的最前端,用来提示前方道路有占道施工活动。在施工预告段内应设置限速、前方施工、前方变窄以及禁止通行等警告标志,以提醒车辆、行人按警告标志调整自身的运行状态,或减速或绕行等。在施工预告段,交通流逐渐由自由流变为限制流。

**2. 上游过渡段**

上游过渡段是引导车辆从正常行驶的道路过渡到施工作业区所在的路段,改变车道从原先的行车道汇合到超车道,起导流的作用,长度同相应的道路条件和车速有关。

**3. 缓冲段**

缓冲段是为进出施工区的车辆和施工作业人员提供安全保障的道路区域提供缓冲保护的道路区域,同时也为发生事故的车辆提供临时缓冲维修场所。为安全起见,在缓冲路段尽量避免车辆和人员的停留,驶入的车辆只能跟驰,禁止超车。

**4. 施工作业段**

施工作业段是为施工作业区域所在的路段,作业区域和通行车道之间需设置隔离装置,通常为带有方向指示的路拦或锥形交通标志,同时为进出施工区的车辆提供安全的进出口,驶入该段的车辆只能跟驰,禁止超车。

**5. 下游过渡段**

下游过渡段为施工作业区所在的路段和正常的行驶车道之间的过渡路段。在下游过渡段,通过引导车辆变换车道,使车流分散到正常车道行驶。

**6. 解禁段**

解禁段在施工路段的末端,用来表示施工区的结束以及施工限制的解除。行经此处的交通流逐渐恢复正常运行。

# 第二节 城区施工期间的交通影响概述

城区施工期间项目的施工地点很多都位于城市的交通干道。这些交通干道往往承担了大量的区域交通以及过境交通的功能,同时也是城市主要的公共交通走廊,拥有相当大的车流量以及人流量。城区在施工的同时往往会占用有限的道路资源,对周边的道路交通会产生一定的影响。为了缓解施工期间周边道路交通的巨大压力,同时确保城区施工期间的顺利进行,需要对施工期间的地面交通进行合理的组织,将施工对地面道路交通的影响降到最低的程度。而充分掌握施工地点周边道路环境信息,了解城区施工期间所带来的交通影响,是后期进行设置合理的交通组织方案的关键。因此,我们首先需要对城区施工期间的交通影响进行简要的分析,主要有以下几个方面。

## 一、区域路网的影响

城区施工期间通常会对施工地点以及周边的路网产生影响,包括快速路、主干路以及次干路,甚至是支路。城市快速路和主干道共同构成城市交通的骨架路网,是城市交通主要的运输通道。城区施工期间通常会占用部分道路资源,使道路通行能力以及服务水平下降,大量车辆绕道行驶,这样就会促使交通量向相邻道路转移,使得路网的高峰小时需求供应比例失衡。如果站点施工地点位于交叉口,将会使该区域交通拥堵进一步恶化,路网容量到达极限,极易引发交通堵塞。

## 二、机动车通行的影响

施工期间,由于道路围挡的影响,施工地点所在道路线形以及平整度也会发生变化,行车道减少,对驾驶员的视觉和心理造成影响。行驶车辆不断变换车道会使得行驶车辆的速度降低,车辆的舒适度和安全度也会有所下降。另外,在施工期间,进出施工区域的施工作业人员和大型作业车辆等,都会对过往机动车的正常通行造成一定程度的干扰。

### 三、区域交通出行的影响

城区施工期间带来的交通延误以及拥堵会促使一部分居民改变原有的出行方式和出行计划。城区施工期间使得周边路网交通压力增大,破坏原有的城市交通供需平衡,从而造成交通延误以及交通拥堵。这会促使一部分居民选择新的、更为便捷的出行方式,例如非机动车、步行等,从而影响城市整体的出行效率。同时,交通拥堵也会促使一部分出行者改变出行目的,这在一定程度上抑制了部分交通需求。因此,在城区施工期间需要结合实际,对区域交通需求进行合理的预测,这将为施工影响区域交通组织提供有力的保障。

### 四、道路交通流的影响

道路交通流是指由机动车、非机动车和行人中两者以上混合而成的定向位移交通流体,由于城区施工期间占道施工所带来的累积效应,会使得高峰时段部分交通流转移到了与施工地点所在道路相平行的其他主干道、次干道或支路上,交通流重新分配,分流道路和交叉口的交通压力也会随之增大,局部路段甚至会形成交通瓶颈。次干道和支路将分担大量的交通,因此除了主干道交叉口的阻塞点外,这些道路与主干道的交叉口也会形成新的阻塞点。

### 五、公交环境的影响

城市公共交通承担着大量的城市居民的日常出行,是城市交通系统的重要组成部分。然而,城区施工地点经常位于居民出行比较集中的区域,这些区域公交线路密度较大,公交停靠站较为密集。工程施工时,将围挡施工地点所在的一部分道路,对施工路段原有的公交线路有不利的影响,导致某些公交线路被迫改线,公交车行驶速度缓慢,交叉口延误时间长,准点率下降。同时,工程施工也会影响原有的公交停靠站以及公交枢纽,给居民的公交出行带来极大的不便,导致部分居民放弃公交出行,甚至会影响整个城市的公交线网的有序运行。

### 六、慢行交通的影响

施工期间,由于大量的道路空间被占用,使得施工一侧自行车交通与行人被迫绕行,出行条件极差,安全风险上升,同时容易对机动车通行产生干扰,从而使得整个道路的交通秩序变得混乱。

## 第三节 考虑施工影响的路段通行能力分析

各种市政工程的施工,往往需要占用大量的道路,这样就导致区域内相关道路的通行能力受到影响,而对于通行能力的分析是进行相关交通组织方案优化的一个重要的前提。本节将通过结合现有的一些分析方法,从定性和定量两个方面,来对占道施工路段的相关通行能力进行分析研究。

## 一、城市道路路段的通行能力

路段通行能力是指路段所能疏导交通流的能力,其分类一般考虑两点:一是通行能力必须与道路质量相联系;二是需要有一种能与之进行参照对应的基本通行能力。据此,可将路段通行能力分为路段基本通行能力、路段可能通行能力和路段设计通行能力。其中,基本通行能力是一种理想状态下的道路通行能力;可能通行能力(实际通行能力)是在实际道路、交通和环境条件下的通行能力;设计通行能力是在对道路未投入使用前,一种预计条件下的通行能力。

**1. 基本通行能力**

基本通行能力是指道路和交通都处于理想条件下,由技术性能相同的一种标准车,以最小的车头间距连续行驶的理想交通流,在单位时间内通过道路断面的最大车辆数。理想的道路条件主要是指车道宽度不小于 3.65 m,路旁的侧向净距不小于 1.75 m;理想的交通条件是指车辆组成为单一的标准车,在一条车道上以相同的速度连续不断地行驶,各车辆之间保持与车速相适应的最小车头间隔,且无任何方向的干扰。

对于车道的基本通行能力,有两种计算方法,分别是按车头时距计算和按车头间距计算,其计算公式为

$$C_0 = 3600/h_t \quad 或 \quad C_0 = 1000v/L \tag{3-1}$$

式中:$C_0$——机动车道的路段基本通行能力,veh/h;

$h_t$——饱和连续车流的平均车头时距,s;

$L$——连续车流的车头间距,m;

$v$——行驶速度,km/h。

连续车流条件下的车头间距可按下式计算:

$$L = L_0 + L_1 + U + I \cdot v^2 \tag{3-2}$$

式中:$L_0$——停车时的车辆安全车间距,m;

$L_1$——车辆的车身长度,m;

$U$——驾驶员在反应时间内车辆行驶的距离(其中 $U = v \cdot T$,$T = 1.2$ s 左右),m;

$I$——与车重、路段阻力系数、勃着系数及坡度相关的系数;

$v$——行驶速度,km/h。

根据《城市道路设计规范》(CJJ37—90),一条车道的理论通行能力可按表 3-1 取值。

表 3-1 一条车道理论通行能力

| 参数 | 通行能力 | | | | |
|---|---|---|---|---|---|
| $v$/(km/h) | 60 | 50 | 40 | 30 | 20 |
| $C_0$/(pcu/h) | 1730 | 1690 | 1640 | 1550 | 1380 |

由于基本通行能力计算时不考虑道路和交通条件的影响,因此多车道的基本通行能力可按下式计算:

$$C = n \cdot C_0 \tag{3-3}$$

式中:$C$——多车道路段基本通行能力;

$n$——车道数;

$C_0$——条机动车道的路段基本通行能力。

**2. 可能通行能力**

可能通行能力是指在实际道路、交通控制和环境条件下,单位时间内通过道路上某一均匀段或者某一横断面上的最大可通行车辆数。它是在理论通行能力的基础上考虑实际的地形、道路和交通条件的影响,所得到的实际道路、交通在一定环境条件的可能通行能力。现阶段,路段可能通行能力的确定方法主要有回归分析法、修正系数法和仿真试验法等。本文是在分析路段通行能力影响因素的基础上,采用修正系数法对路段的实际通行能力进行计算,即通过考虑各种影响因素对基本通行能力影响的基础上,通过修正获得。可能通行能力可按式(3-4)计算:

$$C_{路段} = C \times \Pi f_i \tag{3-4}$$

式中:$C_{路段}$——路段可能通行能力;

$C$——路段基本通行能力;

$f_i$——各影响因素的折减系数。

## 二、施工期间路段的通行能力影响因素分析

路段的可能通行能力受到交通管制、天气、路面、路宽、车流状况等方面的影响,城市道路和公路,主干道和支路这些不同类型、不同等级的道路受这些因素的影响程度显然不同,因此需要对特定的对象,根据实际条件进行分析。

**1. 从道路资源角度**

实际施工中为了尽量减少对道路的影响,不是占用全部的宽度,车辆在实际的通行过程中受侧向净宽、视距等条件的影响,在施工围挡后的道路条件下,一些特定的交通安全设施的增设对驾驶员的实际驾驶带来一定的影响。他们往往会降低车速,有意地"躲开"这些设施,这样虽然车道宽度没有变化,但是车辆的可能通行能力将会受到极大影响。

车辆行驶过程中对于行车道宽度的要求较高,行车道宽度以及侧向净宽太窄的话,驾驶员基于安全的考虑会降低车速,进而影响路段的通行能力。由城市道路设计规范可知,标准

车道宽度为 3.5 m,当行车道宽度大于这个值的时候,没有修正系数;而当宽度小于该值时候,修正系数从 1 线性减小。

行车道宽度和侧向净宽对路段的修正系数按表 3-2 取值。

表 3-2　行车道宽度和侧向净宽修正系数表

| 车道宽度/m | 侧向净宽/m | | |
|---|---|---|---|
| | 4.00～4.50 | 3.50 | 3.00 |
| 1.75 | 1.00 | 0.96 | 0.80 |
| 1.50 | 0.96 | 0.92 | 0.84 |
| 1.00 | 0.88 | 0.84 | 0.74 |
| 0.75 | 0.84 | 0.80 | 0.70 |
| 0.50 | 0.79 | 0.76 | 0.66 |
| 0.00 | 0.70 | 0.67 | 0.58 |

**2. 从车辆组成角度分析**

地铁施工过程中,需要外运大量的土方,大型的运输车辆理论上应该是在夜间出行,但是为了保证工程的进度,难免需要在白天也进行土方运输。这些大型的运输车辆和城市道路上的中小型车辆混合行驶,由于车辆的性能差异较大,尤其是加减速和爬坡能力,在复杂的交通状况下,车辆的车头间距将会差异很大,这样,各种车辆随意超车减速,秩序混乱,通行能力也将受到很大影响。

大型车比例对路段可能通行能力的修正可根据公式(3-5)计算:

$$f_{HV} = \frac{1}{1 + P_{HV}(E_{HV} - 1) + P_{CV}(E_{CV} - 1)} \tag{3-5}$$

式中:$f_{HV}$——大型车修正系数;

$P_{HV}$——一般车量交通量占总交通量的比例;

$E_{HV}$——一般车量折算系数,根据表 3-3 确定;

$P_{CV}$——施工运输车辆占总交通量的比例;

$E_{CV}$——施工运输车辆折算系数,根据表 3-3 确定。

表 3-3　各种类型车辆的折算系数表

| 代表车型 | 一般车辆 | | | 施工运输车辆 |
|---|---|---|---|---|
| 车辆折算系数 | 中型车 | 大型车 | 拖挂车 | 大型车 |
| | 1.5 | 2.0 | 3.0 | 3.0 |

**3. 从非机动车交通干扰的角度分析**

由于城市管线以及地铁车站出入口往往设置在人行道上,对于人行道和非机动车道的占用不可避免,这样非机动车将会和机动车混行,增加了彼此之间的干扰,也会影响路段的通行能力。实际中机动车和非机动车之间的影响是根据道路中没有机非隔离设施有关。当有隔离的时候,互相之间完全没有影响,机动车车道上的通行能力修正系数为1;若没有隔离且非机动车道上车辆较少,其影响系数为0.8。根据有没有隔离及非机动车道上车辆饱和程度,系数有所不同。

**4. 从施工区限速角度分析**

由于施工占用了道路资源,行车道宽度有所减小,原先道路的运行限制速度往往较高,必须根据施工区实际情况进行重新限定,这样才能保证行车的安全。这同样会影响施工路段通行能力,施工路段限速的修正系数见表3-4。

表3-4 施工路段限速修正系数表

| 限制速度/(km/h) | 80 | 70 | 60 | 50 | 40 | 30 | 20 |
|---|---|---|---|---|---|---|---|
| $f_v$ | 1.0 | 0.98 | 0.96 | 0.94 | 0.92 | 0.90 | 0.88 |

## 三、考虑施工影响的路段通行能力计算

由于施工路段和一般路段相比在交通条件上有所区别,因此在计算施工路段通行能力时,需要考虑其他因素的折减值。通过上一节分析,可以得到各个影响因素对于施工路段的折减系数,通过对路段基本通行能力的修正,得到城市道路施工路段通行能力的计算模型,具体可见下式:

$$C_a = C_0 \cdot f_w \cdot f_{HV} \cdot f_z \cdot f_v \tag{3-6}$$

式中:$C_a$——道路施工路段的实际通行能力;

$C_0$——一般道路交通条件下道路的可能通行能力;

$f_w$——施工路段行车道宽度和侧向净宽折减系数;

$f_{HV}$——施工路段大型车比例折减系数;

$f_z$——施工路段非机动车影响折减系数;

$f_v$——施工路段限速折减系数。

以某一施工路段为例,对该路段的实际通行能力进行计算。假定该施工路段的基本通行能力为1550 pcu/h,行车道宽度为3.5 m,有机非隔离带,远离施工区域一侧的侧向净宽为0.75 m;根据出行需求预测的结果以及公式(3-7),得到的大型车修正系数为0.94;施工区限速为30 km/h。因而得出影响其通行能力的各个因素的折减系数,见表3-5。

$$C_a = 1550 \times 0.94 \times 0.80 \times 0.90 \times 1 = 1049 \quad (\text{pcu/h}) \tag{3-7}$$

表3-5 某施工路段通行能力折减系数表

| 折减系数 | 取值 | 折减系数 | 取值 |
|---|---|---|---|
| 行车道宽度与侧向净宽 | 0.80 | 非机动车影响 | 1 |
| 大型车比例 | 0.94 | 限速影响 | 0.90 |

# 第四章 城市交通管理与工程设计

## 第一节 道路交通组织

交通组织是对道路交通流量、流向、流速等进行组织。按照交通组织的范围一般可分为宏观交通组织、中观(区域)交通组织、微观交通组织;按照交通形态可分为动态交通组织、静态交通组织;按照交通组织的需求特点可分为常态交通组织和专项交通组织,如施工交通组织、大型活动交通组织、应急救援交通组织等。

### 一、道路交通组织的原则

道路交通组织优化是对交通工程技术的具体应用。除了交通工程技术原则,还有与之配套的交通组织思想方法原则。

**1. 交通工程技术原则**

(1)交通分离原则:不同流向、车种的交通流在时间、空间上分离。

(2)交通连续原则:保证大多数人在交通活动过程中,在时间、空间、交通方式上不发生间断。

(3)交通负荷均分原则:指对路网交通流进行调节、疏导,达到路网各节点交通压力趋于一致,不会由于某一点压力过于集中造成交通拥堵。

(4)交通总量削减原则:当一个路网总体交通负荷接近饱和时,可采取措施限制部分车种行驶来削减路网总流量。

(5)置右原则:按照车速分配车道。

(6)优先原则:对某一种交通流给予优先通行权。优先原则有车种优先和流向优先。

**2. 交通组织思想方法原则**

(1)换位思维原则:交通组织的调整,特别是单行、禁左、禁限措施的调整,在方案实施前,应站在禁限对象的角度寻找是否有时空出路,判断交通压力转移的时空可能性以及由此可能引发的问题。

(2)以人为本、方便群众原则:交通组织调整应以方便大多数人出行为准则。

(3)通行能力资源配置原则:遵循"木桶原理",上游交叉口最大通行能力取决于下游交叉口所能提供的最大通行调控能力,即通行能力资源配置的核心是上下游相同流向通行能力匹配问题。

(4)路权分配原则:设置完善的路权分配方案和路权表现方式。

(5)动静态交通组织相结合原则:在路网静态通行能力资源配置的基础上,根据路网各节点流量负荷,进行流量流向的动态调整。

(6)渐变原则:交通组织调整应按作用力度大小循序渐进,依交通状况采取相应的调整方式。

**3.不同类型交通组织的原则和重点**

(1)宏观交通组织原则:平衡城市交通供给与需求,特点是通过政策、法规来引导交通发展,以扩大供给和控制需求为手段,平衡供需关系。

(2)中观交通组织原则:时间上削峰填谷,空间上控密补稀。重点是均分路网交通压力。

(3)微观交通组织原则:时间上分秒必争,空间上寸土必争。重点是冲突点上的冲突分离。

(4)静态交通组织原则:消除各类交通瓶颈。重点是做好道路通行能力、停车资源以及交通路权的分配,解决通行能力增容问题。

(5)动态交通组织原则:避免出现路网局部交通压力集中。重点为路网各节点的交通流量分配,解决交通流量减压问题。

## 二、道路交通组织的方案优化技术流程

如图 4-1 所示,道路交通组织方案制定的技术流程为:

(1)确定该区域的功能定位,分析其发展环境,通过踏勘、座谈等方式了解区域交通存在的问题;

(2)进行交通调查与分析,掌握区域交通流量情况和交通组织现状;

(3)分别从定性和定量的角度进行未来该区域的交通需求分析与预测;

(4)制定交通组织方案,包括该区域的交通需求管理方案和内、外部交通组织与管理方案;

(5)进行方案的实施计划和投资估算;

(6)方案评价、专家评价或仿真评价;

(7)方案实施。

## 三、道路交通组织的基本方法

区域(中观)交通组织是在宏观交通组织政策措施的范围内,在一定的思想方法指导下,综合、系统地运用微观交通组织方式,达到区域交通组织最优化的目标。

道路交通组织的基本方法如图 4-2 所示。

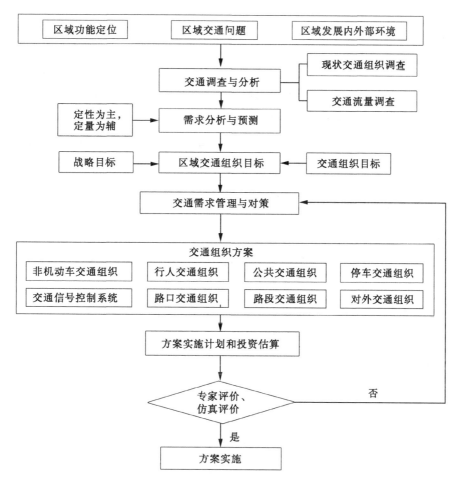

图 4-1 道路交通组织的方案优化技术流程

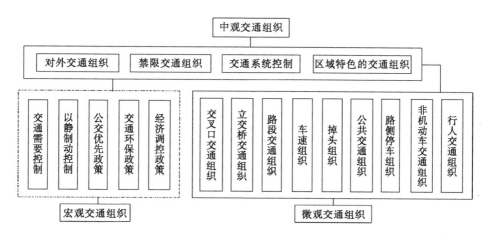

图 4-2 道路交通组织的基本方法

## 四、宏观交通组织

宏观交通组织的原则和出发点是平衡城市交通供需关系,常用的方法是在政策上"对提倡的交通方式给予优先,对不提倡的交通方式给路不给方便"。通过宏观交通组织调整出行方式,将分散、独立的个体出行方式转换成集体的、公共交通出行方式,进而大大减少路网上的交通流量,减轻城市交通压力。在出行成本、出行延误、出行方便程度等因素上调整,可以促使不同出行方式之间相互转换。

## 五、中观交通组织

区域交通组织的核心和指导思想是交通压力均分。区域可以看成是一个放大了的节点,可以按照微观交通组织的思路进行区域交通组织。微观交通组织的重点是在时间上要分秒必争,在空间上要寸土必争,重点在不同种类、不同流向交通流的冲突分离。而区域交通组织解决的重点是交通压力均分。

对于区域交通而言,按 OD 点所处位置,可以把交通分为 8 类,如图 4-3 所示。

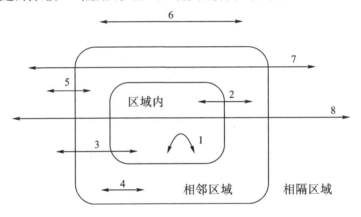

图 4-3 按 OD 点设置的交通流分类

1 类为区域内交通,2 类为跨区交通,3 类为隔区交通。这三类交通流的 OD 点中至少有一点是在区域内的,只要出行就会给区域内路网带来压力。但这三类交通流一般都会给该区域带来经济贡献,除货车、农用车外,较少对这三种交通流采取禁限措施。

4 类为相邻区域交通,5 类为相邻区域跨区交通,6 类为隔区交通,7 类为穿越相邻区域交通。进行区域交通组织时,这些是参考因素,看是否因区域交通组织调整而导致相邻或相隔区域交通状况发生恶化,必要时还需要对相邻、相隔区域交通组织进行相应的调整。

8 类为穿区交通。此类交通流很少给区域内带来经济贡献,较多的是给区域带来交通压力。因此,区域交通组织主要是对该类交通的区域内部禁限和区域外部分流,减少该类交通对区域造成交通压力。

对于拥堵的区域:从交通流构成看,有内部生成流量、外部过境流量和到达流量,这是区域内的交通需求,从道路条件上看,有路网结构、通行能力和停车泊位,这是区域内的交通供给。在拥堵区域内,一方面要调整交通组织,均衡内部交通压力的时空分布,另一方面通过交通需求控制,来缓解交通供给不足造成的交通压力。在拥堵区域外,重新整合交通流,把不会给拥堵区域带来正面效益或只能造成负面影响的交通流调整到拥堵区域时空范围以外,减轻拥堵区域的交通压力。

## 六、微观交通组织

微观交通组织部分可分为平面交叉口交通组织、立交桥交通组织、路段交通组织、车速组织、公共交通组织、路侧停车组织、非机动车交通组织和行人交通组织等八个方面。

# 第二节　动态交通组织

动态交通组织是交通管理技术不断发展的产物,也是交通智能管理的重要体现。以往在交通组织中,几乎全是停留在单行、禁左、禁限车种、渠化等静态交通组织的内容上,在动态交通流的调节方面,目前尚无较为广泛的应用,以致动态交通组织和静态交通组织脱节,路网缺乏交通压力实时调控能力,交通流稍大一些就容易发生拥堵。静态交通组织的重点是路网各节点通行能力的分配和路权的分配,而动态交通组织的重点是路网各节点流量的实时分配。通过对城市路网静态与动态协调的交通组织,将路网内各节点的交通压力进行均分,从而最大限度地避免交通拥堵的发生。

交通流特性决定了交通流的调节需要以动态交通组织为手段进行控制,其特性如下:

一是交通出行有OD(即起点和终点),所以交通流只能在自己的OD范围内遵从流体特性,故对交通流的调节是部分的而不是全部的,是模糊的而不是精确的,这就需要以动态交通组织为手段使交通控制系统具有自组织能力而不仅是自适应能力。

二是交通流受出行成本、出行延误、出行方便程度影响,不会像其他流体那样完全遵从流体定律,只有在其信息精确的条件下,方有可能部分遵从流体定律。而在信息不明的情况下,很少能遵从流体定律。这就对动态交通组织的实现方式提出要求,不能完全靠信号绿灯来控制流量,应该用明确信息进行大范围流量调控。用调整信号配时进行小范围或节点的流量调控。信号组织与信息组织应是一个高度统一体。

三是一般流体的压力转移是瞬间完成的。而交通流压力的转移不会在瞬间完成,总是持续一段时间,表现为一个流量积累与消散的过程。

四是一般流体是匀质的,具有不可压缩性。但交通流不是匀质的,饱和时呈现不可压缩性,不饱和时呈现可压缩性。而动态交通组织的重点,是饱和条件下的流量调控。不可压的交通流规律性较强,可以压缩的交通流随机性较强,我们要充分利用这个特点进行动态交通组织。

## 一、动态交通组织的控制形式

智能化的信号控制系统是动态交通组织的重要形式之一,不同的信号控制系统适用于不同的路网饱和条件。现有信号控制系统多不能满足饱和交通的需要,故应在原有的信号控制系统之上再增加一级智能控制平台,根据不同的路网饱和条件选择不同的控制模式。

**1. 不同交通负荷的信号控制模式**

(1)交通负荷度低于 0.3 时,感应控制为最佳信号控制方法。

(2)交通负荷度在 0.3~0.8 时,信号绿波协调为最佳控制方式。

(3)交通负荷度高于 0.8 时,路网中部分道路已出现饱和交通流,一般信号控制系统的绿波协调已经失效,此时应以路口通过能力最大为控制目标。

以上三条构成智能信号控制基本模式,用以应对各种不同的路网交通条件。

各方向均为低负荷时,全感应信号控制为最好。此时各方向信号灯色应为红灯,以便车辆减速通过路口。当有一个流向负荷增加时,半感应信号控制为最好。当感应控制交叉流向负荷增加,各流向信号配时均达到绿灯极限时,感应控制实质上已变成了定周期控制。

单个路口的感应控制实质上就是单点自适应控制。一个路网的自适应控制在交通流量大到一定程度时也会变成定时控制。定时控制的最大好处在于,它可以调控路网各节点的流量,也就是对路网交通流量具备了组织能力。至于其能否达到路网有节点的压力均分,则要看动态交通组织的水平。

**2. 动态交通组织的实现手段**

该手段通过卸载、载流、分流的方式对路网内局部节点或流向压力进行调整,通过路网节点交通压力转移,逐步达到路网内交通压力均分。实现路网内交通压力转移的手段有信号参数调整、路口可变异导向车道实时调整和动态交通信息的播报。其中信号参数调整和路口可变异导向车道调整是交通流卸载、载流的主要手段,动态信息播报是交通流分流的主要手段。必要时可以通过增派警力进行强制卸载、强制载流和强制分流。

延长绿灯时间、延长信号周期时间、实行信号绿波控制等措施均可以加大道路通行能力,对交通流进行卸载,可减轻该节点或流向交通压力,但同时增加下游的交通压力。

缩短信号周期时间或绿灯时间、实行信号红波控制等措施均可以减少交通流的通过量。对交通进行截流,可加大该节点或流向交通压力,但减小了下游的交通压力;缩短上游路口绿灯时间,可以把下游路口交通压力转移至上游路口,减轻下游压力,但容易造成上游路口压力集中;对上游路口进行信号红波控制(反方向为绿波),可以把下游路口交通压力分别截留在上游几处路口,这样不容易产生单个路口的压力集中,即达到了压力均分。

## 二、实现智能化动态交通组织的步骤

**1. 确定路网中各条道路的重要程度**

由于城市各区域的功能不同,导致城市各条道路的服务对象和重要程度不同。因此,在进行动态交通组织之前,应对城市功能和路网格局进行细致研究,确定出容易产生拥堵的路段,按重要干路、一般干路、支路进行编号分级。在实行动态智能控制时,级别高的道路优先卸载,并向级别低的道路分流;而级别低的道路应向级别高的道路截流,以保证高级别道路的畅通。

在进行道路级别划分时,应考虑道路的特殊情况(如救险主通道、特勤警卫路线、公交干线等),按不同任务要求,制定不同的任务方案,以满足特殊交通的需要。

**2. 确定卸载点、截流点、分流点**

对于重要干道或容易产生交通压力集中的干道,势必存在关键节点和瓶颈节点。关键节点指在路网中该节点一旦瘫痪会造成某一区域大范围交通拥堵的路口,瓶颈节点指各流向通行能力不匹配而导致流量积累的速度超过流量消散的速度的路口或路段。如果关键节点和瓶颈节点为同一路口时,则动态智能化交通组织应重点为减压组织,即以节点上游截流与分流组织为主要方式,防止引起大范围交通拥堵。

**3. 完善智能化交通控制系统的硬件条件**

路网内各节点的交通流检测设施要完善,可以按照路口实行负荷,分红、黄、绿三色显示在交通指挥中心大屏幕显示器的电子地图上,在产生拥堵时可以自动报警。

路网内各重要节点(包括关键节点和瓶颈节点)应设置视频摄像头,在交通指挥中心的电子地图上可以根据需要点击路网节点,打开视频监控的实时图像,观察控制结果。

路网上各路口的信号灯及路口可变导向车道标志应连至交通指挥中心上端控制平台,以便从上端平台调控路口信号参数和调整导向车道的流向,并根据需要实施动态智能控制。

确定路网上动态信息显示屏的位置与分流点、作用范围和相对关系,上端可以监控下端的工作状态和显示内容。

交通指挥中心上端应设黄智能控制平台,将路网内各节点的信号、车道、警力、信息调整方案等进行整合集合,从选择到强制,作用力度逐渐加大。智能控制平台由不用任务类型的智能方案库和仿真优化工具组成,根据路况检测、电视监控、各类报警等信息按照方案选择方式进行信号、信息、车道、警力一体化的智能调控。

**4. 设定不同路况条件下的信号参数和车道调整参数**

交通信号控制参数与交通流量变化密切相关,我们可以利用这种关系,对路口不同流向以及路网不同节点的交通压力进行调节与控制。

智能信号控制方案应以关键路口高峰时段为配时标准,用以确定信号系统控制模式,将通过仿真优化的动态组织方案录入信号系统方案库,在路网的实际控制中,由信号检测系统按路网流量状况进行方案比选。路网中低负荷时,通过自适应控制解决减少系统内停车及延误问题;路网高负荷时,通过自组织或智能控制方案解决系统内节点压力均分问题,使产生拥堵的机会降至最低。

可变导向车道的调整,可以扩大路口流向的调节能力。因此,路口信号绿信比的调整和路口可变导向车道的调整应该做在同一智能调控方案中。当因信号系统不便调整信号绿信比时,或仅调整信号绿信比不能奏效时,应调整路口可变导向车道的流向。通过扩大调整范围,来应对复杂的交通情况。

# 第三节　单向交通系统

单向交通组织是交通组织管理的一个重要组成部分,它以提高交通流的畅通性和道路通行能力为目的,对交通流在道路网络上进行优化组织,以充分利用道路网络的资源。

单向交通又俗称"单行线",是指道路上的车辆只能按一个方向行驶的交通。单向交通是在城市道路交通系统中缓解交通拥挤、充分利用现有城市道路网容量的一种经济、有效的交通管制措施。但是,作为一种组织方式,单向交通有其自身的适用范围和条件,在应用过程中要针对每个城市不同的交通条件来确定是否可以设置单行系统及如何设置单行系统,如果盲目地套用其他城市的经验,会对交通的改善起副作用。

## 一、单向交通组织特点

从心理学角度讲,人力交通侧重于追求省力目标,机动交通则追求省时目标。按照这个特点,进行单向交通组织不失为一种满足机动车省时心理的好方法,不仅可以有效减少路口内的冲突点,还可以有效进行路口间信号绿波协调,两者都是在用时间上的连续来弥补空间连续上的不足,其结果不是走捷径,而是省时间,这一点正好可以满足驾驶员省时的心理要求。如图4-4所示为机动车与非机动车单行路口内的冲突点情况,图4-5所示为单行道路各路口之间绿波协调情况。

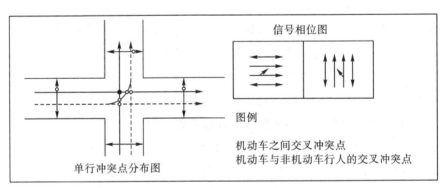

图4-4　机动车与非机动车单行路口内的冲突点情况

由于一些城市自行车流量较大且路网稀,此时由于绕行距离远,按照心理学中人力交通省力的目标,应在单行道路上组织自行车双行,以减少自行车绕行距离。但此时路口信号灯按双行设置,路口内应渠化出非机动车禁驶区防止非机动车在路口内左转抢行。渠化图如图4-6所示。

在非机动车双行的单行道路上,路口信号相位设置基本上与机非单行相同,只是把逆向

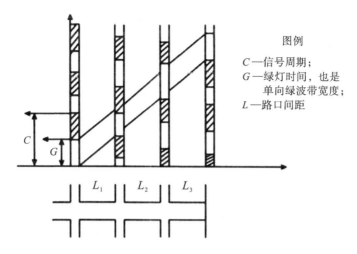

图 4-5 单行道路各路口之间绿波协调情况

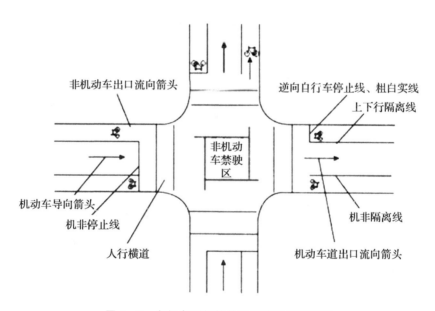

图 4-6 自行车双行的单行道路路口渠化图

非机动车流向与单行机非流向组在一个信号相位中即可,如图 4-7 所示。

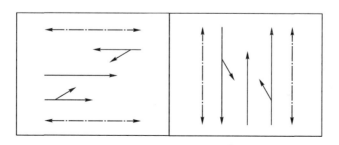

图 4-7 非机动车双行时单行路口信号相位设置

对于公共交通双行的单行道路,由于公交电汽车在机动车道内行驶,路口内的冲突点实际上和双行道路完全相同。如果公交车是直行通过路口,对单行道路路口通行能力的影响还不算大。但是公交车如果在单行道路的路口处转弯,特别是左转弯,由于路口内冲突点一点不比双行路口少,所以公交双行的单行道路通行能力不会比双行道路高得多。特别是当逆行公交车辆较多时,这类路口通行能力不会比双行道路路口通行能力更高,反而会因单行引起路网大量的无效绕行流量,加剧路口拥堵。冲突点分布如图 4-8 所示。

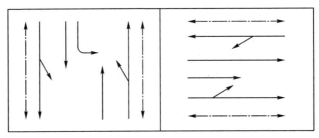

图 4-8　公交双行的单行路口冲突点分布图

## 二、单行交通组织的路网条件

在此结合中华人民共和国公共安全行业标准(GA/T 486—2004)《城市道路单向交通组织原则》介绍一下实施单向交通的设置条件。

**(一) 道路路网条件**

**1. 棋盘形道路**

棋盘形道路系统是最适合组织单向交通的城市道路网络,可以由相邻两条道路配对组织单向交通,也可以把部分道路系统都组织成单向交通,但道路网密度应较大,道路间距应不大于 300 m。

**2. 带状形道路**

带状形城市道路系统亦是较容易组织单向交通的路网,可选择局部区域有可能配对的道路组织单向交通,条件是有相邻或接近道路可以配对,道路之间呈对偶关系。

**3. 其他路网**

当道路网中有两条相邻环路且长度较短(1~2 km),可考虑组织单向交通,两条相邻的放射性道路也可组织单向交通。

**(二) 道路路段条件**

(1)当两条平行道路不是同一等级时,可考虑将低等级的道路设为单向交通,另一道路仍为双向交通。

(2)路网密度很大而道路宽度不足的旧城区道路:

a.道路宽度小于 10 m 而流向比大于 1.2 时;

b. 道路宽度小于 12 m 而流向比大于 2 时,且有平行道路可以配对时;

c. 道路宽度不足以同时设置人行道、车行道时;

d. 对于只能布置奇数车道的道路,在采用双向通行不利于发挥其道路资源作用时;

e. 平行于大流量主干路的一组支路、次干路;

f. 宽度狭窄不适合固定交通工具,如有轨道车双向通行的道路,可布置为单向通行的行车路线。

**(三) 交叉口条件**

5 条或 5 条以上的道路相交时,交叉口难以处理,宜将部分或全部相交道路设置为单向交通。

**(四) 交通流条件**

(1) 潮汐交通。潮汐交通的道路,可设置为定时式单向交通。

(2) 交通组成。交通组成非常复杂时,可设置为定车种式单向交通。

(3) 交通流向。根据 OD 调查数据,可对某些方向的大流量交通量配合设置单向交通。

**(五) 环境条件**

城市某区域无法解决车辆停放时,可以将一些次干路、支路设置为单向交通,道路一侧或两侧设置为临时停车场。

总之,单向交通组织的实施需要配合道路条件、周边环境、交通控制、停车以及公交专用道等协调合理使用,才能真正发挥其改善交通的效用。对于公交车也尽可能按单行要求进行组织,一定要保留双行公交的单行道路上,逆向公交车辆配载不宜过多,并且尽量不在路口处逆行转向。对于公交双行的单行道路,非机动车也可以按双行进行组织,以保证充分利用资源。

# 三、单向交通组织的优缺点

## 1. 单向交通的优点

单向交通组织从根本上减少了行车的冲突,在改善交通效率方面主要有如下优点:

(1) 大大减少了交叉口冲突点个数,减少了行车相互间的干扰,提高行车速度。

(2) 提高道路通行能力。由于没有了机动车对向行驶,机动车与机动车、机动车与非机动车之间的干扰减小,从而道路通行能力会有明显的提高。

(3) 减少交通事故。由于单向交通在路段上取消了对向车流,在交叉口处又消除了大部分冲突点,因而可以减少迎面相撞事故。

(4) 提高车辆的运行速度,降低延误。实行单向交通后,车辆由于双向交通带来的纵向和横向干扰减少,使得车辆平均行程时间缩短,提高了行驶速度。

(5) 为路内停车的设置创造条件,有助于缓解市区内停车紧张问题及改善通行环境。目前国内部分设置单向交通的城市在部分单向路段设置路边停车来缓解停车需求压力。

(6)有利于信号灯配置和管理。单向交通采用线控具有优越条件,不管交叉口间距是否相等,均能方便地按路口间距来安排相位差。绿灯信号可充分利用,还可以增长绿波带宽度。

(7)有利于减少城市交通污染。单向交通由于减少停车次数和车辆加减速次数,从而降低废气排放、轮胎磨损等,减少了对环境的污染。

**2. 单向交通的缺点**

单向交通也有其不利的一面,主要表现在以下几个方面:

(1)增加了车辆的绕行距离和经过交叉口的次数,增加了出行成本,并且增加了道路网上的流量。

(2)在指路信息不明确的状况下,容易导致驾驶员多绕路,给其他道路增加不必要的交通流量。

(3)给公共交通带来不便。如果公共汽车线路也采用单向交通,势必增加乘客的步行距离,而使乘客感到特别不便的是,往往不知道对向公交线路在哪条道路上。设置单行线时,尽可能避免有公共汽车经过的道路,若不可避免,应该为公共汽车安排出路,可以进行线路调整,或实行公共汽车双向行驶。

(4)给道路两侧的商业活动带来一定影响。由于实行单向交通,取消了对向车流,使人们不便到单行道两侧进行商业活动,从而可能影响商家的经济效益。

(5)单向道路末端常常使交通组织复杂化,产生拥堵。在多车道的单向交通中,车辆到端头交叉口后,必然会有大量的左转车分流,造成与横向道路车辆的汇合冲突,如果端头交叉口较大,这种矛盾会小些。

# 第四节　干线信号协调控制

在城市道路交通中,主要的交通干线承担了大量的交通负荷,干线的交通畅通对改善城市交通状况往往具有很大作用。干线信号协调控制实际上就是把干线上一批相邻交叉路口的交通信号进行调配时,使得进入干线的车队按某一车速行驶时,能不遇或少遇红灯,即尽可能地少停车或不停车通过。通过这种方法,沿干线行驶的车辆能够安全快速地通过交通干线上的交叉口,形成连续的交通流,减少干线上车辆的延误,从而整体上减少整个系统的延误。在线控系统中,为使各交叉路口的交通信号能取得协调,各路口的交通信号周期长度必须统一。为此必须先按单路口信号控制的配时方法,计算其周期长度,然后从中选出最大的周期长度作为这个系统的公用周期。对应最大周期的路口也叫关键路口。在线控系统中,如果某些路口的交通量较小,可把公用周期的一半作为其周期,成为双周期信号控制。

## 一、干线信号控制协调方式

线控系统中各路口信号的绿信比不一定相同,通常要根据每一交叉口各方向的交通量的流量比确定。一般将周期最长的那个路口沿干道方向的绿灯时间定为干道各交叉口协调相位的最小绿灯时间,各交叉口沿干道方向的最大绿灯时间则根据相交道路交通流所需要的最小绿灯时间来确定。

**(一) 单向协调**

单向协调采用优先相位差的方式,该方式让某一方向优先并且设置比较宽的通过带。在早、晚交通高峰时间,上、下行交通量差别显著的情况下,按交通量大的方向设置相位差,使其通过带尽可能宽,则可以得到较高的系统效率。该方式是最容易实现的线控方式,其相邻路口间的相位差可按下式确定:

$$t_{as} = \frac{s}{v}$$

式中:$t_{as}$——相邻路口间的相位差;
$s$——相邻路口间的间距;
$v$——车辆在相邻路口间的平均行驶速度。

需注意该相位差的计算方法仅适用于非饱和交通状况下排队车辆较少时。

**(二) 双向协调**

双向交通街道的信号协调控制,在各交叉口间距相等时,比较容易实现,且当信号间车辆行驶时间正好是线控系统周期时长一半的整数倍时,可获得理想的效果。各交叉口间距不等时,双向信号协调控制就较难实现,必须采取试探与折中方法求得信号协调,否则会损失信号的有效通车时间,增加相交街道上车辆的延误。

双向交通定时式线控各信号间的基本协调方式有如下三种:

**1. 同步式协调控制**

干线上所有的交叉路口,在同一时刻,显示相同的信号灯色,即相邻路口之间的相位差恰好等于信号周期的长度。有两种情况适合于采用这种协调方式:

(1)车辆在相邻交叉口间的行驶时间等于信号周期长度的倍数,即

$$s = \frac{vc}{3600}$$

式中:$c$——周期长度。

该方法适合于干线上交叉口间距较短,且干线上的交通量远远大于次干线方向的交通量。此时把相邻交叉口看成一个交叉口,采用同一个配时方案,绿灯开启时刻也相同,组成一个同步式协调控制系统,改善干道车流的运行。

(2)当干道交通量特别大,高峰时交通量接近通行能力,下游交叉口红灯车辆排队有可能越过上游交叉口时,把这些交叉口组成同步式协调系统,可避免交通拥堵情况的发生。

但在这两种情况下,采用同步系统,都会使相交街道上的车辆增加停车时间。另外,在这种系统中,由于前方显示全是绿灯,会有导致驾驶人加速赶绿灯的缺点。因此,这种系统的协调方式在使用条件上有很大的局限性,现在很少单独使用。

**2. 交互式协调控制**

在交互式协调系统中，连接在一个系统中相邻交叉口的信号，在同一时刻，显示相反的灯色，车辆在相邻交叉口间的行驶时间等于信号周期长度一半的倍数，此时采用半周期为相位差可使车辆连续通过干线上的交叉口，此时

$$c = \frac{vc}{2 \times 3600}$$

如果一对信号同相邻的另一对信号组成交互式协调控制，则称为成对交互式协调。成对交互式协调系统中，车辆能继续通行的车速为

$$v = \frac{4s}{c} \times 3600$$

与同步系统一样，这种系统的适用性也受到很大的限制，很少单独采用。

**3. 续进式协调控制**

续进式协调控制系统又称绿波协调控制系统，根据路上的要求车速与交叉口间的距离，确定合适的相位差，用以协调干道上各相邻交叉口的绿灯启亮时刻，使在上游交叉口上绿灯开启后驶出的车辆，以适当的车速行驶时，可正好在下游交叉口绿灯启亮后到达。如此，使进入系统的车辆可连续通过若干个交叉口。续进式协调控制又分为以下几种类型。

(1) 简单续进系统。系统只使用一个系统周期时长和一套配时方案，使沿干道行驶车队可在各交叉口间以设计车速连续通行。车速在系统的各个不同路段，可随各相邻交叉口间距而有所改变。

(2) 多方案续进系统。这是简单续进系统的改进系统。在为干线信号控制系统确定配时方案时，往往会遇到交通流变化的问题。一个给定的配时方案对应于一组给定的交通条件，当这些条件发生变化时，这个配时方案就不能适应。交通流发生变化可能有两类。

①单个路口的交通流发生变化：系统中的一个或几个信号点上交通量可能增加或减少，这些变化能改变所需要的周期时长或绿信比。

②交通流方向发生变化：在双向运行的干道上，"入境"交通量和"出境"交通量可能变化，变化的可能有如下 3 种：

a. 入境交通量大于出境交通量。此时，对入境方向的交通提供较多通车时间的配时方案。

b. 入境交通量大体上等于出境交通量。此时，对入境和出境交通流有一个同等对待的配时方案。

c. 出境交通量大于入境交通量。此时，要求配时方案有助于出境的交通量。

## 二、干线信号协调控制设计方法

要实现干线协调控制，一般要根据两个交叉口之间的距离，以及车辆通过这些交叉口的

速度来进行相位差的调整,相位差是相邻路口间建立系统关系的关键参数。一般而言,有两种设计思想:一为主干道绿波带宽最大化;二为主干道交通性能指标最小化。

**(一) 最大绿波带法**

最大绿波带法(Maximum Green Wave Band,MGWB)以车辆连续通过带宽度为优化对象,来研究系统协调的效果,这就是最大绿波带法。它的目标就是使得通过绿波通行时间最长,即带宽 B(Band Width)与周期的比值的最大化来设定相位差。连续通过带宽度越宽,越能处理更多的交通流,控制效果越好。该方法一直以来是线控系统最常用的设计方法,以对交通流进行最优控制。最大绿波带法首先将受控系统分成几个子系统,分别独立优化;然后,再以绿波带宽为目标函数,以信号周期为协调变量,对整个系统进行协调优化,最后得到最优控制参数。

**1. 一个交叉口作为一个子系统对其进行优化**

单个交叉口,两相位信号控制,以不阻塞为目标函数的最优周期为

目标函数:

$$\min z = \int_0^c (q_1 - d_1) \mathrm{d}t + \int_0^c (q_2 - d_2) \mathrm{d}t$$

最优解:

$$C = \frac{1.5L + 5}{1 - \left(\frac{q_1}{S_1} + \frac{q_2}{S_2}\right)}$$

式中:$q_1$——干线道路方向的最大交通量,veh/s;

$q_2$——支线道路方向的最大交通量,veh/s;

$d_1$——干线道路方向驶出率,veh/s;

$d_2$——支线道路方向驶出率,veh/s;

$C$——信号周期,s;

$L$——信号损失时间,s;

$S_1$——干线道路方向的饱和流量;

$S_2$——支线道路方向的饱和流量。

**2. 单个交叉口的最优绿灯时间**

各交叉口协调相位所必须保持的最小绿灯时间,就是关键交叉口协调相位绿灯显示时间,均为取整后所得:

$$g_m = (C - L_m) \frac{y_m}{Y_m}$$

式中:$g_m$——关键交叉口协调相位的有效绿灯时间,s;

$Y_m$——关键交叉口各关键相位流量比之和;

$y_m$——关键交叉口协调相位最大的流量比；

$L_m$——关键交叉口总损失时间，s。

非关键交叉口非协调相位饱和度实用限值一般为 0.9，根据流量守恒原理 $C_q=S_g$，那么非关键交叉口的非协调相位有效绿灯时间：

$$g = \frac{Cq_n}{0.9S_n} = \frac{Cy_n}{0.9}$$

式中：$g$——非关键交叉口非协调相位的有效绿灯时间，s；

$y_n$——非关键交叉口非协调相位最大的流量比；

$S_n$——非关键交叉口非协调相位的饱和流量，veh/s；

$q_n$——非关键交叉口非协调相位最大的流量，veh/s。

**3. 确定非关键相位交叉口协调相位绿灯时间**

协调控制的非关键交叉口的周期采用该干道系统的关键交叉口的周期作为它的周期，首先把非关键交叉口的非协调相位的绿灯显示时间确定，然后把多余的时间都分配给非关键交叉口的协调相位，增大绿波带宽度，有利于形成绿波带。

**4. 最大绿波带和最佳相位差**

这里采用的是 MAXBAND 法。MAXBAND 法是根据美国麻省理工学院 John D. C. Little 教授建立开发的软件包，其优化目标为追求最大绿波带宽，由此能得到各个交叉口信号周期、相位差、绿信比。

输入：上下行带宽比，通行能力，绿信比；

输出：公共周期，相位差，带速，上下行带宽，影响因子，左转相位。

机动车与非机动车单行路口内的冲突点情况时距图如图 4-9 所示，具体模型如下公式所示。

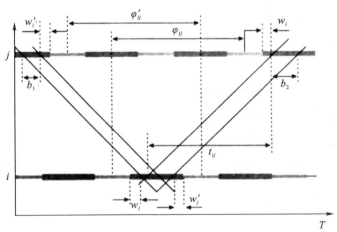

图 4-9 机动车与非机动车单行路口内的冲突点情况时距图

最大绿波带目标函数:

$$\max b = b_1 + b_2$$

$$s \cdot t = \begin{cases} 0.5 \times r_i + w_j + t_{ij} - w_j - 0.5 \times r_j - \varphi_{ij} \\ 0.5 \times r_i + w_i' + t_{ij} - w_j' - 0.5 \times r_j = \varphi_{ij}' \\ \varphi_{ij}\varphi_{ij}' = m_{ij} \\ m_{ij} \text{为} C \text{的整数倍} \\ w_i + b_2 \leqslant 1 - r_i \\ w_i + b_2 \geqslant 1 - r_i \\ w_i, w_i', w_j, w_j' \geqslant 0 \end{cases}$$

式中:$b$——绿波带宽;

$b_1$——上行绿波;

$b_2$——下行绿波;

$r_i$——第 $i$ 个交叉口的红灯时间;

$r_j$——第 $j$ 个交叉 $j$ 口的相邻的交叉口的红灯时间;

$w_i$——交叉口 $i$ 的绿波带边缘和其左侧相近红灯的右侧边缘之间的时间间隔;

$w_i'$——交叉口 $i$ 的绿波带边缘和其右侧相近红灯的左侧边缘之间的时间间隔;

$w_j$——交叉口 $j$ 的绿波带边缘和其左侧相近红灯的右侧边缘之间的时间间隔;

$w_j'$——交叉口 $j$ 的绿波带边缘和其右侧相近红灯的左侧边缘之间的时间间隔;

$t_{ij}$——车队从交叉口到交叉口的行程时间;

$\varphi_{ij}$——交叉口 $i$ 的绿波带左侧的红灯时间中点和交叉口 $j$ 的绿波带左侧的红灯时间中点之间的时间间隔;

$\varphi_{ij}'$——交叉口 $i$ 的绿波带右侧的红灯时间中点和交叉口 $j$ 的绿波带右侧的红灯时间中点之间的时间间隔。

根据干线的具体情况,为干线车辆提供尽可能宽的绿波带,使干道方向行驶的车辆延误最小,以共同通行带宽作为交通信号群系统控制的控制效果评价指标,以追求最大上行及下行共同通行带宽为目标的系统信号相位差设计方案。在既有最大绿波带基本算法中,没有考虑相交道路车辆的排队,绿波带内的时间被认为完全用于干线车辆通行,无法保证主干道在实现绿波化的同时减少横向交通流延误时间。

### (二) 最小延误法

最小延误(停车次数)法是基于车辆行驶中延误时间(停车次数)的计算,从实际网络出发,确定出延误(停车次数)与各路口信号相位差之间的函数关系,以使沿干道行驶的车辆延误最小为出发点,合理设计一条路段上所有路口的红绿灯时间,使每一个方向上行驶的车辆延误时间之和最小,使目标最优。英国道路研究室的希利埃(J. A. Hillier)于 20 世纪 60 年代初最早研究了延误与相位差的关系,后来希尔在此基础上,建立了延误与相位差结合法。其假设前提:每个交叉口的信号配时与交通流量之间没有关系;路段上的行车延误只与路段两端的信号相位差有关。而同时考虑延误、停车次数等多项参数的综合目标函数模型主要有：英国罗伯逊等人1967年开发的 TRANSYT 模型，以及美国利伯曼（E. B. Liberman）、武（J. L. Woo）等人1974年建立的 SIGOP Ⅱ（Traffic Signal Optimization Program 交通信号最优化程序）。

SIGOP 相位差优化算法基本原理：以路网为对象，对交通延误时间进行了充分详细的调查，总结出交通延误时间的变化规律，确定延误与相对相位差的关系，求解理想的相位差，目标函数为

$$F = \sum_{ij} A_{ij}(R_{ij} + M_{ij} + d_i - d_j)^2$$

式中：$A_{ij}$——从交叉口 $i$ 到 $j$ 的交通延误时间的加权系数；

$M_{ij}$——一般为 0 或 1，满足条件 $-0.5 \leqslant R_{ij} + M_{ij} + d_i - d_j \leqslant 0.5$；

$d_i$——交叉口 $i$ 的绝对相位差比；

$d_j$——交叉口 $j$ 的绝对相位差比；

$R_{ij}$——连线 $ij$ 的理想相对相位差比，预先给出。

计算的基本步骤：

Step 1：任意随机给定出发点 $d$；

Step 2：求解，满足条件 $-0.5 \leqslant R_{ij} + M_{ij} + d_i - d_j \leqslant 0.5$；

Step 3：带入目标函数，求解目标函数 $F = \sum_{ij} A_{ij}(R_{ij} + M_{ij} + d_i - d_j)^2$；

Step 4：改变整数 $M_{ij}$，重复 Step 3，直到目标函数不变为止。

通过以上计算，可以得到一个解，重新改变出发点，可以得到不同的解，选取其中最小值作为最优相位差。由于得到的都是局部最优解，那么任意给定随机的初始值对最后的结果影响非常大，同时它对参数的选取也很敏感，选取合适的参数对最后的结果也是至关重要的，所以最后得到的不一定是最优解，往往可能是次优解。

## 第五节　公交信号优先

作为一种调整城市交通供需平衡关系的重要手段，公交优先近年来在众多国家和城市得到了推广。狭义上的公交优先主要指在交通管理范畴内，通过一定的技术手段，在道路上给公交车辆以一定的优先权，主要包括空间上的优先和时间上的优先两种。空间上的优先主要是通过设置公交专用道、专用路或各类专用进口道以及建设高架公交专用道等方式实现，而在时间上的优先主要是在信号配时中考虑公交车辆的影响，在尽量不增加社会车辆延误或停车次数的基础上减少公交车辆的延误和停车次数，提高公交车辆的运行效率。

相关研究表明，通过在交叉口处适当地给予公交车辆信号控制上的优先，在大多数情况下可以在不明显降低社会车辆效率的基础上大幅度提高公交车辆的运行效率。目前在日本、新加坡、美国等国家和地区的城市中已经开始在路口信号控制中引入公交优先控制策

略,而在近年来所研究的多个信号控制系统中亦对公交优先的控制策略有相应的考虑。

## 一、概述

**1. 公交信号优先**

公交信号优先(Transit Signal Priority,TSP)是一种运行策略,利用交叉口的信号控制改善公共交通车辆的运行状态,包括公交汽车和路面电车。通过减少公共交通车辆在交叉口排队所产生的延误时间,公交信号优先可以减少公共交通车辆的总延误和运行时间、提高公共交通服务的可靠性、改善公共交通的服务质量。公交信号优先也减少了每一个出行个体在交叉口的平均总延误。公交信号优先在提供上述益处的同时,也尝试最小化对其他交通工具用户的影响,包括横向交通和行人。

在城市道路中,有很多因素影响到公交信号优先系统的实施,包括道路网形状、交通流量、交通信号硬件和软件设施、交通信号运行状态、个人延误、行人、相邻交叉口/道路的协调、交通管理部门信号控制策略、公共交通系统的特征、公共交通站点位置及设计、公共交通部门硬件和软件设施、公共交通部门运行政策及实施等。在进行公交信号优先系统的设计和实施时,上述每一个因素都需要根据具体的实施环境及有关交叉口的情况加以考虑。

公交信号优先系统的运行和维护受到下列因素的影响,主要包括实施应用的技术、与信号控制网络相结合的优先系统、信号控制硬件的年限及升级、车辆种类及数量、气候与地理条件、系统所有权以及公共交通运行规则等。

**2. 信号优先与强制优先**

信号优先和强制优先经常被认为是一样的,但事实上它们是两种不同的信号控制方法,虽然它们利用类似的设备(例如,射频发射器/检测器),且其运行方式较为相似(例如,在为其他车辆提供清空间隔信号之后,为接近的车辆提供由红转绿的信号),但信号优先是通过调整正常的信号配时来更好地方便公共交通工具,而强制优先则是打断正常的信号为特殊的事件提供方便(例如,火车经过信号灯附近的铁路线,或者应急车辆接到报警后通过路口时)。

强制优先是将正常的交通信号控制转换为火车、应急车辆、大运量客运车辆及执行其他特殊任务的特种车辆通行服务的特殊信号控制模式。在这种控制模式下,当车辆到达时,将立即切断正常的信号控制模式,强制进入特定的信号控制状态。强制优先通常用于铁路线上火车经过时和信号控制交叉口应急车辆经过时,此时由于安全和效率的原因,要求给予高度的优先权。例如,应急车辆强制优先的目的包括减少应急反应时间、改善应急车辆人员的安全水平、减少交叉口涉及应急车辆的交通事故等。当交通信号给予强制优先时,就不再考虑维持已有的信号配时方案以保证相邻交叉口交通信号之间的协调等。强制优先有一套特殊的配时方案来使交通信号控制机跳出和回到正常的信号配时方案的协调运行。

公共交通信号优先是在交通信号协调运行的条件下给予公交车辆一些优先服务的机会,这就使得实现优先的目标并不会显著干扰其他的交通。公交信号优先的目标包括改善调度安排、减少延误和改善公共交通效率、帮助发布公共交通信息、提高道路交通网络的运行效率。通过减少乘车者为了按时到达目的地所需要的额外努力(例如,赶早班公交车、提前出发去公交站点)所花费的时间,改善调度安排能够减少等待时间和降低乘客的焦虑情绪。通过允许实时检测信息用于其他用途,公交信号优先也能够改善乘车者信息服务水平,而由此导致的公交乘客数量及公共交通车辆道路占有率的增加,也将有助于进一步应用公交信号优先以减少公共交通车辆的延误。由于公共交通服务显然比火车或者应急车辆服务更加频繁,因此实行信号优先而非强制优先将能够维持系统处于良好的运行状态。需要注意的是,强制优先也可以应用于公共交通信号优先,如 BRT 等,但必须仔细考虑其收益和影响。

## 二、公交信号优先方法

提供公共交通信号优先有多种可能的处理方式,下面具体介绍一下。

### (一) 被动优先

被动优先的运行并不考虑公交车辆是否出现,也不要求有公交车辆检测/优先请求生成系统。一般而言,如果可以预测公交车辆的运行情况(例如停留时间一致),并且公交车辆运行频率很高、道路交通流量较小,则被动优先策略将是一种高效的公交信号优先形式。它可以保证公共交通的信号协调,其协调方案旨在缩短公交车辆在公共交通站点上的平均停留时间。但由于信号协调针对的是公共交通车辆而非其他交通方式,所以其他交通方式可能会遇到不必要的延误、停顿、受阻等。因此,平行于公交信号优先方向的交通流量必须与公共交通信号协调方法综合考虑。

需要注意的是,其他交通信号控制方案的改善对于公共交通也可能是有益的。信号配时方案的改善,例如重新配时或者进行道路信号的协调控制,将改善交通流运行状况并减少公共交通车辆的运行时间。

### (二) 主动优先

主动优先策略是一种针对被检测的或者由车辆/系统提出优先请求的特定公共交通车辆的优先处理。主动优先信号控制策略有多种类型。

**1. 提前绿灯策略**

缩短之前相位的绿灯时间,提前本相位绿灯(即提前切断本相位红灯),以方便被检测到的需要进行优先的车辆通过。这一策略仅适用于装备有公交信号优先设备的车辆到来时其相位信号灯为红灯的情况。

**2. 延长绿灯策略**

延长绿灯时间,以方便装备有公交信号优先设备的车辆通过。这一策略仅适用于装备有公交信号优先设备的车辆到来时其相位信号灯为绿灯的情况。延长绿灯是公交信号优先最有效的一种处理方式,因为它并不要求额外的清空间隔,同时允许公共交通车辆通过,并且相对于需要等待绿灯提前或者特殊公共交通相位的车辆而言,可以显著减少其延误。提前绿灯和延长绿灯的策略可以同时应用,以最大化信号周期内公共交通车辆可以优先通过的时间。然而,为了保证信号配时的协调,提前绿灯和延长绿灯不能在同一个信号周期内应用。

**3. 感应公交相位**

仅在公共交通车辆在交叉口被检测出时应用。一个例子是公共交通车辆左转专用车道,只有当公共交通车辆在此专用道内被检测出来的时候,才启动左转相位。另一个例子是"插队"相位,它允许公共交通车辆从队伍下游进入专用车道从而调到社会车辆队伍的前面。"插队"相位给出一个公共交通车辆专用信号(例如,白色信号),允许公共交通车辆先于等待绿灯的其他交通车辆进入交叉口。

**4. 插入相位**

指在正常的信号相位方案中插入一个特殊的优先相位。只有当公共交通车辆被检测到并且提出请求这样一个优先相位时,这一相位才能被插入。

**5. 旋转相位**

信号相位的顺序也可被"旋转"以提供公交信号优先。例如,一个北行的左转相位通常是一个周期中的最后一个相位,也就是说它是位于反方向直行信号之后的。一辆要北行左转的公交车辆就可以请求在直行绿灯之前优先给出左转相位。有了旋转相位的概念,左转相位可称为最先的相位,以方便公共交通车辆的通过。

**6. 实时自适应优先控制**

实时自适应公交信号优先策略是在提供公交优先的同时也试图优化相应的性能指标,这些指标包括个人延误、公共交通延误、车辆延误,以及这些指标的组合。实时自适应优先控制策略要求预先存在一个自适应的信号控制系统,持续检测交通状况和调整控制策略。

一般要求对公共交通车辆尽早进行检测,以便有更多的时间来调整信号进行公交优先并且最小化对其他社会交通的影响。自适应系统也常常要求校正公共交通车辆到达的时间,这一时间根据停站次数和交通状况而有所变化,校正后的到达时间可以反馈到信号配时的调整过程中。

## 第六节　城市快速路匝道控制原理与方法

城市快速路是城市道路交通网络的骨干,其特点使得其吸引交通流量日益增加,交通拥堵目前已成为各城市快速路最大的交通问题。为了改善城市快速路的交通拥堵状况,交通管理者采取了包括主线控制、匝道控制、信息服务等在内的多种交通管理方式,在此主要介绍匝道控制,其中入口匝道控制是城市快速路的主要交通控制方式。

### 一、入口匝道控制

#### (一)入口匝道控制的作用

入口匝道控制的目的是控制高速公路的交通需求,特别是控制高峰小时期间进入高速公路的车辆数量。入口匝道控制的主要作用包括：

①减少整个高速干道系统内所有车辆的行程时间；

②使交通流量均匀平滑；

③消除或减少交汇中的冲突和事故；

④由于交通流量均匀平滑，车流状况得到改善，因此减少了不舒适感和对环境的干扰。

为了取得良好的控制效果，必须遵守以下条件：

①若需减少行程时间，则应有其他具有通行能力的路线可供选择来为城市快速路起到分流作用，否则车辆将被迫阻塞在匝道上，这样就需要在快速路干道上游很远的一些匝道寻找入口。另外，也可利用与快速路干道连接的沿街道路或平行的干线道路的通行能力。

②必须有适当的储备空间可为等待匝道信号的车辆所利用。

③为节约行程时间，在快速路干道下游出口处必须有可供利用的通行能力存在，否则收益不明显。

④车流起讫点必须适当，不然使用短程快速路（如1～2 km）将意味着车流分散小。

## 二、入口匝道控制方法

入口匝道控制包括匝道封闭和匝道调节两种形式。匝道封闭可通过自动路栏、交通标志、人工设置隔离墩把某些入口匝道关闭；匝道调节是在匝道上使用交通信号灯对进入干道的车辆实行计量控制，也可通过收费站的收费车道开放数来调节进入高速干道的车辆数。

入口匝道控制主要有以下4种控制方法：封闭匝道法、匝道定时限流控制、匝道感应交汇控制以及匝道系统控制。

### (一) 封闭匝道法

封闭匝道法属于匝道调节的极端情况，当上下游快速路交通已达饱和或入口处缺乏足够的容纳排队车辆的能力时，对所有交通实行关闭，不允许车辆进入快速路，维持快速路不拥挤。

(1) 封闭匝道通常在以下情形中考虑进行：

①互通式立交非常接近，交织问题十分严重的地方；

②有较多车辆要在匝道上排队，但没有足够长度容纳排队车辆的匝道；

③附近有良好的道路可供绕道行驶；

④在发生交通事故的情况下。

(2) 封闭匝道常用的做法有：

①人工设置栅栏；

②自动弹起式栅栏（如洛杉矶已使用）；

③采用"不准驶入匝道"标志（如底特律已使用），但这种方法可能导致违章率增加，不建议采用。

封闭匝道法缺乏灵活性，一般不常采用。虽然个别城市在高峰交通量条件下的一些时间内，封闭入口匝道的应用已经获得成功。但实际上，封闭匝道对控制交通量的作用极其有限,且易引起公众强烈不满。

**(二)匝道定时限流控制**

匝道定时限流控制也就是匝道调节限流控制,是采用调节方法限制进入快速路交通量的一种控制,其目的是改善快速路的交通状况及车流汇合时的安全。匝道调节交通量的范围在正常交通量和某个合理最小交通量 80~240 辆/小时,由匝道上的交通信号(标准信号或改进型的两灯信号)来实现,即按时允许一定数量的车流匝道驶入快速路。

定时调节是最简单的控制形式,其精确性与城市交叉口信号相同。限流率根据高速公路上行方向交通量、下行方向通行能力和匝道处进入快速路的交通量而定。显而易见,该方法无法适应交通流的随机变化,但是,当交通流在一段时间内波动不大时,这种控制方法十分有效,而且定时调节很容易实现多个匝道口的协调控制。这种调节系统主要包括设置在匝道上的一个或两个信号机、时钟传动的控制机和某种形式的标志(这种标志警告驾驶员匝道正在执行限流控制)及可能有的检测器。

如果采用定时控制方法来消除快速路上的交通拥挤现象,就必须保持整个交通需求量小于快速路的交通容量,因此匝道调节率(辆/小时)的取值主要取决于匝道上游交通需求(辆/小时)、匝道下游交通容量(辆/小时)和匝道处期望进入快速路的交通流量(辆/小时)这三者之间的关系。在正常情况下,匝道下游不会发生拥挤;如果下游拥挤,并且此时即使进行匝道调节也无法消除拥挤,就只能短时关闭匝道,并在上游匝道处减少调节率,减少本匝道上游的交通需求。此时,可进行匝道调节,调节率(辆/小时)计算方法为

$$r = C_a - q_a$$

以图 4-10 为例,已知匝道下游瓶颈的通行能力为 5400 辆/小时,匝道上游交通需求量为 5100 辆/小时,匝道交通需求量为 500 辆/小时。要使匝道上的所有车辆都能汇入快速路车流,则对匝道上游之交通量应限制在 4900 辆/小时为佳。这样做,显然将在匝道上游引起交通拥挤或车辆停停开开的状况。为此,应对匝道上的交通量采取限流调节控制。若限流率选择 300 辆/小时,且设置匝道交通量调节系统,那么,此快速路对 5400 辆/小时的交通需求量是适应的,且产生较好的交通条件。如果认为这种限流率太小,则可以调节其他一些匝道上游的交通量。

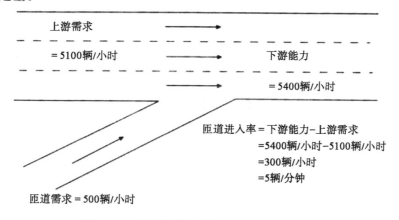

**图 4-10 交通需求超过高速干道容量的例子**

### (三)匝道感应交汇控制

交汇控制的基本原理是:通过安置在汇合点上游高速公路车道的交通检测器检测到的数据,分析汇合点上游高速公路外侧车道的交通情况,由计算机算出沿着该外侧车道行进的车流中足够大的间歇,从而顺利安全地完成高速公路的合流过程。在高速公路和匝道上装有检测器以获取交通信息,并根据不同的控制方案,通过就地控制器或中心计算机实施限流控制,限流率可依据交通信息做相应调整。

**1. 交汇控制的基本步骤**

交汇控制的基本步骤为

①检测高速公路上的可插车间歇;
②估计可插车间歇到达入口匝道交汇点处的时间;
③引导匝道上的车辆进入此插车间歇。

通常,控制方案的大量变量可根据交通参数的各种组合获得。如图 4-11 所示各类检测器在快速路上的安装位置。其中,$D_{3V}$、$D_{6V}$ 为快速路上的交通量检测器,$D_V$ 为占有率检测器,$D_A$、$D_B$ 为用于测量速度和车辆间隔的存在检测器,两个检测器相隔大约 6 m,获得的速度数据可用于设计路肩车道交通的间隙;$D_M$ 为交汇区的检测器,用来检测停止匝道端部和驶入加速车道起始部分的车辆;$D_O$ 为等待队列检测器,用来检测等待进入快速路的车队;$D_1$ 为"登记"检测器,用来检测等候在信号灯前的车辆;$D_{CD}$ 为"检验"检测器,用来检测离开信号灯(停车线)的车辆。

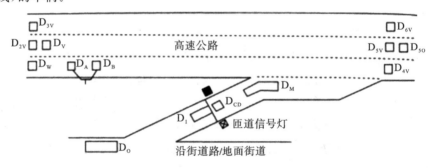

图 4-11 高速干道入口匝道上的检测器位置示意图

**2. 交汇控制的方法**

基于上述安装在高速公路上的各类检测器,在高速公路上可以实现以下几种入口匝道控制方法。

(1)交通量——通行能力差额控制。匝道信号控制是以测得的高速公路交通量与由记录资料确定的下行方向通行能力(或由所测得的下行方向的通行能力)相比较为基础的。采用这种控制形式的方法是实时估计通行能力和交通量之间的差值,直到出现通行能力有车辆可利用时,出行匝道上的车辆,控制器再次从零开始累计差值。

(2)占有率控制。此方法以匝道上行方向测得的占有率(通常用第 2 车道的测得占有率)为控制变量,并根据与占有率有关的交通参数(交通量和速度)的历史记录资料选择合适的限流率。

(3)路肩车道间隔控制。路肩车道间隔控制仅以路肩车道(仅用检测器)测得的交通量为控制参数。与已知下行方向路肩车道通行能力(或根据测得的交通量)进行比较,从而配置限流率。

(4)可插间歇交汇控制。此方法根据高速公路路肩车道检测器、对可插车间隔进行探测,可插车间隔是根据高速公路交通条件确定的一个控制参数。如图4-12所示,此方案还必须使从距道路信号前启动车辆的行程时间与到交汇区的可插车间隔的移动时间相匹配。

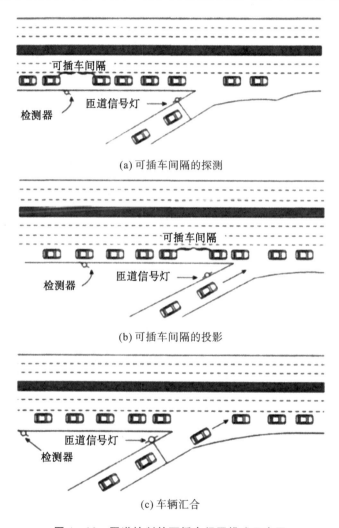

图4-12 匝道控制的可插车间隔模式示意图

(5)移动交汇控制。移动交汇控制系统为匝道上的驾驶员提供驶出匝道的连续显示,显示车流间隔及其与驾驶员之间的关系。美国的马萨诸塞州在波士顿附近设置了两种实验性的显示装置,第一种如图4-13所示,高速公路的可插车间隔由路肩车道检测器确定。驾驶员必须跟随一种移动的定速灯,它是由一系列间隔为2.4 m的顺次发光的交通灯组成,这种灯可以引导驾驶员进入一个可插车间隔;第二种如图4-14所示,对于能交汇进入高速公路

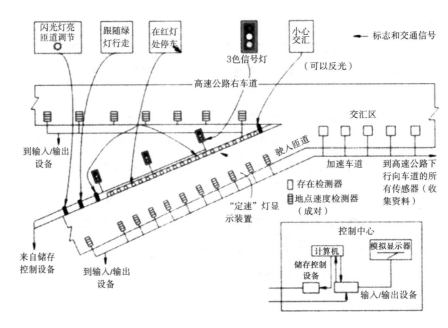

图 4-13 移动交汇控制的定速系统

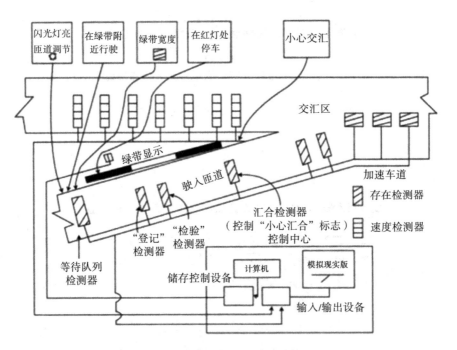

图 4-14 移动交汇控制的定速系统

的可插车间隔,以一种或几种速度移动的绿带显示出来,并在匝道入口的一个标志上指示。对于后一种系统,一旦交通量超过一定值,则匝道按定时调节限流控制。若高速公路的几何设计标准较低,以致使车流量在交汇区交汇易发生危险时,采用这种系统特别有效。

**3. 交汇控制方法的适用条件**

以上简要介绍了常见的入口匝道控制方法，其适用条件简述如下：

(1) 若入口匝道具有良好的加速车道等几何设计特性，则采用定时调节、交通量（通行能力差额）控制或占有率控制方式，可获得良好的经济效果，无须采用可插车间隔或移动交汇控制方式。

(2) 以占有率为基础的控制系统，用交通量（通行能力差额）控制方法已被证明效果良好。

(3) 对因视距不良或加速车道、坡度等道路条件造成车辆交汇困难的老式高速公路，采用可插车间隔控制是有利的。

(4) 移动交汇控制对低标准交汇运行的匝道是有利的。

(5) 采用单车调节控制的地方，由于信号周期循环需要时间的限制，入口匝道的交通量不超过 800 辆/小时。

**(四) 匝道系统控制**

将一系列匝道集中起来作为一个整体统一考虑交通控制的系统，称为匝道系统控制。其限流率根据整个系统的交通量与通行能力之差确定。与独立的限流控制相比，匝道系统控制的优点是能够兼顾整个系统，能适应交通量变化的要求，使整个系统的车流保持最佳化。尤其是高速公路某路段发生交通事故时，此控制方式就显得特别有效。但此类控制系统操作复杂，且需用中心计算机进行控制。

## 二、出口匝道控制

出口匝道控制通常采用的两种方法是：调节驶离快速路的车辆数与封闭出口匝道。

第一种控制方法能够缓解接近干道交叉口的交通拥挤程度，但会带来一定的事故风险。如车辆急剧减速有发生滑行和造成尾端冲撞的危险，且使等待驶离快速路的车辆从信号灯向后排队延伸到快速路上。对出口匝道控制的例子有美国底特律戴维森—洛奇高速公路上的互通式立体交叉口。

第二种控制方法可大大减少在该处的交织，也使此处更为安全。特别是一个出口匝道到连接着一个大型互通式立交的沿街道路或者近邻道路的距离较短时，封闭匝道是一种很实用的解决办法。

封闭出口匝道的不足之处包括：

(1) 大大增加驾驶员的行车时间及距离；

(2) 若使用人工控制的栅栏，或某种形式的自动口，则在高峰期间封闭匝道，其费用甚大；

(3) 由于限制了出入口，将会激起公众强烈的反对；

(4) 追尾冲撞事故的可能性大为增加。

因此，封闭出口匝道被认为弊多利少，极少采用，且不会进一步研究。

## 第七节 交通工程设计

### 一、道路交通工程设计

#### (一) 交通工程设计的概念

交通工程设计又称交通设计,是指基于城市及交通规划的理念和成果,运用交通工程学的基本原理和方法,以交通安全、畅通、高效、便利及其与环境协调为目的,以交通系统的资源(包括时间、空间资源及投资水平)为约束条件,对现有和未来建设的交通系统及其设施加以优化设计,制定交通运用的最佳方案,科学地确定交通系统的时空通行权及其交通工程设施的配置。

交通工程设计具体包括设计资料收集、调查、分析,交通时空分离设计,连续性设计,交通管理设施的配置设计及交通设计方案评价等。

#### (二) 交通工程设计的目标及方法

交通工程设计的目标是交通的空间资源和时间资源的优化配置和合理组合,减少交通冲突。鉴于我国非机动车流量大、混合交通明显的特征,我国道路交通工程设计的主要理念在于实现"机非人的时空分离",其实现方法有空间分离和时间分离两种。

**1. 空间分离**

空间资源的优化是较为基础的工作。一般采用空间渠化的方法,固定交通流的运行空间,通过交叉口导流带、导向线、导向车道以及停车线、人行横道等交通标线缩小交叉口冲突范围,分离不同车种、流向的交通流,把空间上的交通冲突降为最少,为时间分离和让行分离打好基础。路段常采用隔离栏、隔离带、车道线以及人行横道线来控制。

**2. 时间分离**

对空间渠化以后仍然无法消除的交通冲突可采用信号控制的方式,通过分离通行时间实现减少交通冲突的目的。从理论上讲,多相位信号控制可以减少或消除交通冲突。但对于混合交通,不仅要分离不同流向的交通流,而且还要分离不同车种的交通流,仅靠多相位控制有一定的困难,因此需辅以交警的管理,对冲突点上不同车种的交通流进行分离,相位设置应满足机动车流向分离的要求。

对于路段上的人行横道的控制,在过街人流超过一定程度后,应设置行人过街信号灯,以达到在时间上分离机动车、非机动车和行人冲突的目的。

#### (三) 交通工程设计流程

交通工程设计是交通规划和施工图设计的中间环节。交通规划在确定了道路等级、红线宽度等内容后,交通工程设计通过对道路横断面、交叉口和交通设施的详细设计指导工程施工,若没有交通工程设计环节或交通工程设计与施工图设计,以致不能很好地衔接,那么完成的施工图就会出现道路功能不全、交通运用不合理等问题,例如转弯半径不足、交叉口与路段通行能力不匹配、横断面布设不合理、公交车站无处设置等。

然而,以往的道路建设流程中缺少交通工程设计这一环节(交通规划—道路几何构造及结构设计—道路建设—交通管理),并且道路设计除考虑线形、视距与交通有关的因素外,更多的是考虑设计标准、使用寿命与结构等问题。对于城市道路来说,这些远远不够。城市道路交通设计的目的包括均衡路网饱和度、提高交通安全与顺畅性、提高交通便捷性、寻求交通与环境的和谐,充分利用道路的空间资源与交通的时间资源等。所以,合理的道路建设与管理流程如图 4-15 所示。

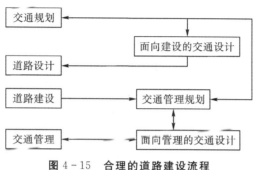

图 4-15 合理的道路建设流程

根据目前城市建设道路项目的特征划分,道路交通工程设计可分为新建道路的交通工程设计与改造道路的交通工程设计两类。

**1. 新建道路的交通工程设计**

由于新建道路的交通需求量为预测值,无法准确地反映道路使用后的实际情况,故其交通工程设计为原则性设计,即可预见性的设计。这使得道路在建成后,即使发生问题时也可以通过较为方便的方法和措施对其做进一步的改善。新建道路的交通工程设计流程如图 4-16 所示。

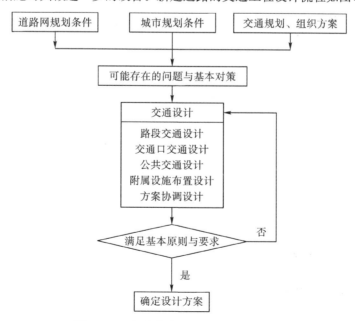

图 4-16 新建道路的交通工程设计流程

**2. 改造道路的交通工程设计**

建成道路的改造和交通治理过程比较复杂,因为在对现状问题充分分析提出对策时会受到现状条件的制约,如对于交通流量过大出现交通拥堵的交叉口,无法通过改建交叉口的措施加以解决,同时还需进行交通流组织,利用路网资源来改善交通等。改造道路的交通工程设计流程如图 4-17 所示。

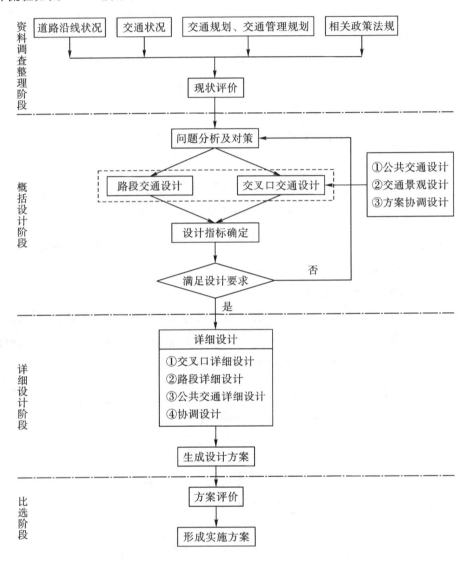

图 4-17 改造道路交通工程设计流程

## 二、交叉口渠化

交叉口渠化有别于路口的例行画线。
**1. 交叉口渠化目的**
①示范正确使用交叉口,使各种车流各行其道;

②分隔可能发生的冲突；
③压缩可能发生冲突的范围；
④控制交叉(会)车流的流线角度；
⑤为主要转弯车流提供方便的通行条件；
⑥控制车速；
⑦防止车辆驶入禁行方向；
⑧保护、停驻转弯车辆；
⑨提供设立交通标志的位置；
⑩提供过街停驻地点，保护过街行人安全。

**2. 交叉口渠化设计原则**

设计交叉口交通渠化方案时，应充分考虑交叉口所具有的交通条件、几何条件和物质条件，这是个性。但是做渠化设计时，有一些基本原则，带有共性的规定，更应遵循。

(1)尽量缩小车辆在交叉口可能发生冲突的范围。车辆可能产生冲突的范围大，即车辆和行人通过交叉口时，行人可选择的路径多，灵活性大。这样反而使驾驶员、行人举棋不定，容易招致危险。采取渠化方法压缩可能发生冲突的范围，使车辆和行人通过交叉口的路径单元集中在较小的冲突范围内，便于双方行进和准确判断危险状态。

(2)加大交通流的交叉角度。车辆交叉时，以接近直角的角度交叉通过最为有利。这样交叉点确切，潜在的冲突面积小，车辆通过交叉点的时间短，可能招致碰撞的机会少。而交叉角越小，交叉过程越长，发生事故的危险越大。

在交叉过程中，行人总是利用车间距穿插而过，这就需要保证驾驶员能正确判断对方行进速度，而判断车速的最佳位置是在车流的垂直位置。

(3)缩小车流的合流角度。当车流以较小的角度合并时，交通流可以最小的速度差实施合流，而且在合流时可利用小的车间距。合流角以10°~15°为宜。

(4)弯曲车辆行驶轨迹，降低进入交叉口的车速。这样能使次要道路或支路上驶来交叉的车流行进不顺畅，减速缓行，有利于安全。同时，应尽量使主要道路上的交通顺畅。这种情况多在交叉口位于曲线地段出现。

(5)进入交叉口时减速，离开交叉口时加速。一般规律是，车辆进入交叉口时要减速，驶出交叉口时加速。渠化交通也应与之匹配，利用交通岛的形状、位置，将出入口做成喇叭形。

(6)做成急转弯式样，阻止车辆进入禁行方向。利用交通岛的形状、位置，指引或强制车辆按规定的正确方向行驶，阻碍车辆进入禁行方向。

(7)保护转弯车辆和行人。在较宽的道路上，设置较宽的隔离带，保护、停储转弯车辆，供行人过街中途驻足。

(8)提供设立标志、信号的位置。交通岛的布设，除满足交通需求外，还应为安设交通管制设备提供位置。

上述诸项是一般设计原则，因交通条件复杂，交叉点的地形、区位各异，道路几何设计的尺度变化大,应对具体情况进行具体分析,做成符合实际情况的渠化设计。

**3. 交叉口渠化注意事项**

①勿在充分论证、确认有渠化交通必要性之前,草率实施渠化。

②交通岛应设在死点上,即无交通驶过的路面上。交通岛应有足够的尺寸,最小为 5 m²,且个数尽量少。

③渠化后不应再有锐角冲突。

④渠化后的车道宽度应适当,过宽会导致车辆并行或超车,招致交通事故。

⑤应有良好的照明和视距条件。

⑥在没有交通信号控制的交叉口渠化时,应考虑今后使用交通信号的可能性。

⑦渠化路径,应符合人们的习惯,方便行车、行人。

⑧行进路线明确,便于用路人判断。

⑨对渠化方案应先以临时形式实施,待试运行、修改、完善后,再固定。

**4. 交通岛**

交通岛形状各异,按功能可分为以下几种:

(1)导向岛。其功能是指引行车方向,固定行车路线,消除用路人在交叉口游荡。有些复杂的交叉口,只用几个简单的导向岛,就改善了交通秩序。另外,导向岛还可以用来约束车道,使车速降低。

(2)隔离岛。其为长条形的岛,功能是用来分隔快车、慢车,机动车、非机动车,减少车辆间的干扰和冲突,保证行车速度和交通安全。

(3)中心岛。其用来组织左转车辆和分隔车流,设在交叉口中央,多为圆形。

(4)安全岛。在较宽的道路上,在红灯期间,行人一次横过街道,感到很紧张或过不去,这种情况,在街道的中线位置、人行横道上,设置安全岛,供过街人暂时停留避车,以策安全。安全岛两端应有明显标志。

**5. 交叉口渠化设计方法**

(1)收集设计资料。

①道路条件:主次关系,车道数,路幅宽度,缘石转弯半径。

②交通条件:主要交通流向,各交通流向的交通量,存在问题。

③交通管制方式:交通分隔及交通限制情况,有无交通信号控制或计划实施信号控制。

④用地条件:现有交叉面积,可能占地面积。

(2)拟定渠化方案。根据渠化交通的原则和交叉口的实际条件,对每条相交的交通流详细研究,提供对策,综合成总体渠化方案。

(3)绘制渠化方案图。绘图比例为 1∶1000,1∶2000,细部比例为 1∶500,在图上细致研究车流路线,发现问题,及时完善。

(4)确定交通岛的尺寸。

(5)现场临时性渠化,检验效果,完善设计。

# 第五章　城市道路交通空间设计

## 第一节　道路交通设计的规划条件

城市道路网规划是进行城市道路交通设计的基础,道路交叉口的规划方案合理与否直接影响到交通设计方案的效果。为了将设计方案能尽可能落实,并发挥其最佳效益,城市道路网在规划阶段应遵循三点原则,即充分考虑:

①路网交通流的需求特性;
②明确各等级道路功能及其合理衔接;
③保障后期交通设计各项用地。

### 一、道路交叉口总体规划

**1. 交叉口交叉形式**

为保障交通流运行的安全性,交叉口的交叉形式宜选择四路十字交叉,避免五叉及五叉以上的多路交叉、畸形交叉、斜交交角小于 45°的交叉;同时,Ⅱ级支路以下的道路不应与城市主干路相交。

**2. 交叉口范围的红线拓宽**

鉴于交叉口的可通车时间相当于路段可通车时间的一半左右,导致交叉口进口道单车道通行能力与路段相比大为折减。为保障交叉口进口道与路段通行能力相匹配,规划时应增加交叉口范围内的红线宽度,为增加进出口车道提供基础。

平面交叉口进口道的展宽段宽度和长度应根据规划交通需求量和车辆在平面交叉口的排队长度确定。在没有交通需求预测数据时,可以参考《上海市城市道路平面交叉口规划与设计规程》中的推荐值,见表 5-1。通常,平面交叉口出口道规划红线可增宽 3 m,增宽长度视道路等级取 60~80 m,渐变段为 30~50 m。

表 5-1　新建平面交叉口进口道规划红线宽度增加值和长度

| 新建平面交叉口 | 规划红线宽度增加值/m | | | 进口道规划红线长度/m | | | | | |
|---|---|---|---|---|---|---|---|---|---|
| | | | | 展宽段长度 | | | 展宽渐变段长度 | | |
| | 主干路 | 次干路 | 支路Ⅰ | 主干路 | 次干路 | 支路Ⅰ | 主干路 | 次干路 | 支路Ⅰ |
| 主-主交叉口 | 10~15 | — | — | 80~120 | — | — | 30~50 | — | — |
| 主-次交叉口 | 5~10 | 5~10 | — | 70~100 | 50~70 | — | 20~40 | 20~40 | — |

续表

| 新建平面交叉口 | 规划红线宽度增加值/m | | | 进口道规划红线长度/m | | | | | |
|---|---|---|---|---|---|---|---|---|---|
| | | | | 展宽段长度 | | | 展宽渐变段长度 | | |
| | 主干路 | 次干路 | 支路Ⅰ | 主干路 | 次干路 | 支路Ⅰ | 主干路 | 次干路 | 支路Ⅰ |
| 主-支交叉口 | 3～5 | — | 3～5 | 50～70 | — | 30～40 | 15～30 | — | 15～30 |
| 次-次交叉口 | — | 5～10 | — | — | 50～70 | — | — | 15～30 | — |
| 次-支交叉口 | — | 3～5 | 3～5 | — | 40～60 | 30～40 | — | 15～30 | 15～30 |
| 支-支交叉口 | — | — | 3～5 | — | — | 20～40 | — | — | 15～30 |

**3. 交叉口应用类型**

规划平面交叉口的应用类型,主要根据相交道路类别确定(见表 5-2),应避免Ⅱ(Ⅲ)级支路与主干路相交,确实无法避免时可按 E 型交叉口规划。丁字交叉口不应设置成环形。

表 5-2 规划平面交叉口应用类型[①]

| 相交道路 | | 主干路 | 次干路 | 支路 | |
|---|---|---|---|---|---|
| | | | | Ⅰ级 | Ⅱ(Ⅲ)级 |
| 主干路 | | A | A | A、E | E |
| 次干路 | | — | A | A | A、B、E |
| 支路 | Ⅰ级 | — | — | A、B、D | B、C、D、F |
| | Ⅱ(Ⅲ)级 | — | — | — | B、C、D、F |

注:A 型——交叉口展宽及信号控制交叉口;
  B 型——设有让路标志或停车标志的优先控制交叉口;
  C 型——不设控制交叉口;
  D 型——环行交叉口;
  E 型——干路中心隔离带封闭、支路只准右转通行的交叉口;
  F 型——交叉口不展宽及信号灯交叉口。

## 二、道路断面形式规划

**1. 道路断面形式**

我国城市道路按等级分为五级:快速路、主干道、次干道、支路及生活区道路。我国各级

---

① 引自《上海市城市道路平面交叉口规划与设计规程》。

城市道路的功能定位见表5-3。

表5-3 我国各级城市道路的功能定位

| 道路等级 | 功能定位 |
|---|---|
| 快速路 | 承担快速、远距离的区间交通 |
| 主干道 | 联系城市区域之间的主要交通性道路 |
| 次干道 | 集散性道路 |
| 支路 | 区内的集散性道路 |
| 生活区道路 | 生活性道路 |

道路断面形式分为以下四种：一块板、两块板、三块板和四块板。各种道路断面形式的特点和适用情况见表5-4。

表5-4 各种道路断面形式的特点和适用情况

| 断面形式 | 特 点 | 适用情况 |
|---|---|---|
| 一块板 | （1）没有非机动车专用车道，非机动车利用边侧机动车道或部分人行道通行；<br>（2）相向机动车流之间无分隔，存在对向干扰，机动车行驶车速较低 | 机动车、非机动车流量均不大的次干路或支路 |
| 两块板 | （1）没有非机动车专用车道，非机动车利用边侧机动车道或与行人在一个平面通行；<br>（2）相向机动车流分隔行驶，基本消除对向机动车流干扰，内侧车道行驶车速较高 | 机动车流量较大，非机动车流量小的次干路、主干路或快速路 |
| 三块板 | （1）有非机动车专用车道，非机动车行驶安全，消除了机非之间以及非机动车与行人之间在路段上的相互干扰，但交叉口处遗留问题较多；<br>（2）相向机动车流之间无分隔，存在对向机动车干扰，但由于消除了机非干扰，机动车行驶车速较高 | 非机动车流量持续较大的主干路；但随着城市机动化及公共汽车交通的发展，这种道路断面形式将越来越不适应中国的城市交通需要 |
| 四块板 | （1）有非机动车专用车道，非机动车行驶安全，消除了机非之间以及非机动车与行人之间的干扰，但交叉口处混合交通问题却很突出；<br>（2）相向机动车流分隔行驶，基本消除了对向机动车流干扰，机动车行驶车速较高 | 机动车、非机动车流量均较大的主干路或快速路 |

**2. 推荐的道路断面形式**

合理的断面形式应尽量减少物理上的分隔，使得道路在随交通流发生变化时，易有效利用。因而推荐道路断面形式为一块板或两块板。

对于一块板或两块板道路，非机动车最好与行人放在一个平面上处理，通过高差分离机动车与非机动车，而不是通过分隔带分离。

# 第二节 交叉口交通设计

## 一、交叉口范围

交叉口设计范围及各部分(引自《上海市城市道路平面交叉口规划与设计规程》)。

## 二、设计原则与要求

**1. 设计原则**

①适应交通流特性；
②合理利用道路设施空间；
③明确不同交通流的行驶轨迹；
④降低不同交通流之间的干扰；
⑤饱和度均衡。

**2. 线形、视距要求**

交叉口范围内道路平面线形宜采用直线；当采用曲线时，其曲线半径应大于不设超高的最小圆曲线半径。

交叉口平面设计中应考虑交叉口视距要求，交叉口转角部分视距三角形范围内，不得有任何高于 1.2 m 的妨碍驾驶员视线的障碍物；必须设在交叉口附近的高架路或人行天桥桥墩及台阶，应做视距分析，且桥墩宽应尽可能缩小，台阶宜通透。

停车视距可按式(5-1)确定。

$$S_{停} = \frac{v \cdot t}{3.6} + \frac{v^2}{245(\varphi + \Phi)} \tag{5-1}$$

式中：$S_{停}$——停车视距，m；
$v$——交叉口计算车速，km/h；
$t$——制动反应时间，取 2.5 s；
$\varphi$——潮湿系数，按不利情况取值为 0.4；
$\Phi$——粗糙系数，其取值范围为 0.03~0.05。

车辆由路段进入交叉口进口道后车速将降低，交叉口设计车速需要视车流行驶方向而定；进口道直行车设计车速一般取路段车速的 0.7 倍，左右转车辆的计算车速取路段车速的 0.5 倍。

## 三、方案概略设计的要点

在进行方案概略设计时，主要涉及如下内容(图 5-1)：

第五章 城市道路交通空间设计

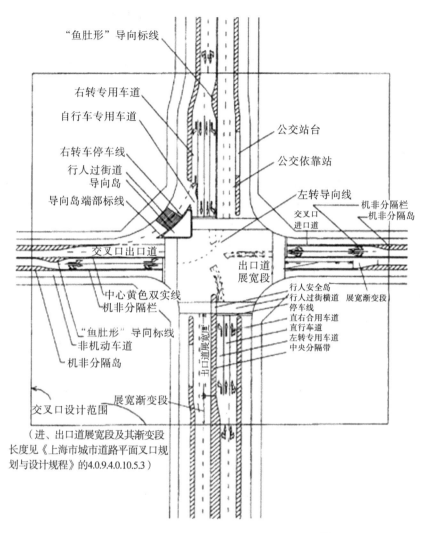

图 5-1 交叉口设计范围及各部分的名称[1]

①进口道和出口道的横断面布置；
②道路的平面线形、纵断线形、交叉角度；
③右转或左转专用车道的设计；
④导流岛和导流线的设计；
⑤人行横道的设计。

**1. 进口道和出口道的横向构成**

在路段的横向构成及交叉口基本渠化方案的基础上，研究讨论进口道和出口道的横向构成。这时，有必要对用地的可能性进行充分的研究讨论。

一般在交叉口附近，为了增设车道，有必要对交叉口进行拓宽，而这种做法要常受到用

---
[1] （引自《上海市城市道路平面交叉口规划与设计规程》）

地等情况的制约。在无法增加交叉口宽度的条件下,可以利用压缩车道、侧宽等办法,以增加进口道车道数。

当需要设置右转或左转专用车道时,为确保必要的车道宽幅,有以下方法:

①撤去、缩小或移设中央分隔带;

②缩小单车道宽度;

③撤去侧宽、停车带;

④缩小自行车通行带、人行道宽度。

由于交叉口附近的人行道将作为横穿道路行人的滞留空间,所以最好不要缩小人行道。但是,人行道上设置的植物带可以做相当幅度的缩小。

**2. 右转专用道、左转专用道设计**

在确定进口道及出口道的横断面构造后,基于交叉口基本形状、设计车速、交通量、道路宽度,进行右转或左转专用道的设计。

**3. 导流线、交通岛设计**

以交叉口的设计车速、设计车型、行车轨迹等为基础,设计导流线、交通岛。现行的设计中,在交叉口内部区域做实体交通岛的做法较为常见,如图5-2(a)所示。

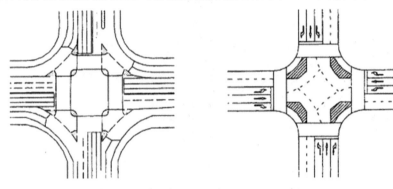

(a) 在交叉口内部区域做实体交通岛　　(b) 通过涂料画线或彩色铺装渠化交通流

图5-2 典型的交通岛方案对比

设置实体交通岛存在以下弊端:

①建设投资较大,对交通需求动态变化的适应性差,日后的交叉口改造工程投资也较大;

②为右转车辟出专用转弯车道,如不采取适当的渠化和限制措施,右转车易在出口处直接高速汇入主线车流,可能导致事故;

③如果设计不当,左转车辆易发生撞岛事故。

因此,建议尽量避免在交叉口内设置实体交通岛。对于新建交叉口或改造交叉口,宜通过冷涂材料画线或彩色铺装等形式来进行交通流的渠化,如采用图5-2(b)的渠化形式。对于已建的实体交通岛,宜采取适当的渠化和限制措施,如设置隔离桩,避免右转车在交叉口出口直接高速汇入主线车流,如图5-3所示。

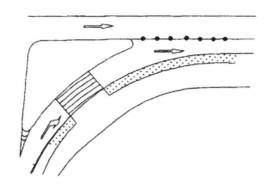

图 5-3 设置隔离桩降速

**4. 人行过街横道的设计**

由于人行横道的位置、长度及行人流量等与信号灯显示及交通处理能力有密切的联系，所以必须根据交叉口附近的行人过街需求及其安全性要求，将人行横道的形式、位置与机动车停车线的布设结合起来进行考虑。

## 四、信号配时方案设计

首先需要确定配时方案的基本时段划分，然后根据各时段的流量资料分别设计配时方案；按车道渠化方案，确定合理的相位相序，同时根据资料调查阶段所获得的饱和流量、设计车速等数据确定绿初、绿末的损失时间，相位绿灯间隔时间，最小绿灯时间等时间参数，计算信号周期时长、相应的延误、排队等。

## 五、详细设计

### (一) 进、出口道设计

**1. 进口道的宽度及车道数**

交叉口进口道车道数的确定，应以保证进口道与路段通行能力相匹配为目标，同时考虑进口道宽度约束。在进口道的宽度及车道数时应遵循以下原则：

①新建交叉口进口道宽度，应根据各流向预测的流量来决定；无交通流量数据时，参考表 5-1 中的推荐值；

②改建交叉口进口道宽度，应根据各交通流向的实测或预测流量决定；

③治理交叉口进口道宽度，应根据各交通流向的实测流量及可实施的治理条件来决定。

(1) 车道宽度。进口道每条车道的宽度可较路段上略窄，进口道在大车比例很小时，最小可取 2.75 m 宽；出口道由于车速较进口道高，其宽度应较进口道宽，具体尺寸根据实际道路条件确定。

城市道路进出、口道的参考设计宽度见表 5-6。

表 5-6　城市道路进、出口道设计宽度参考值

| 项目 | 进口道 | 出口道 |
|---|---|---|
| 设计宽度/m | 2.75～3.25 | 3～3.5 |

(2)车道展宽。进口道展宽段应尽可能为左转、直行和右转车辆分车道行驶创造条件，特别是设置有专用箭头灯时，必须设置相应的专用车道。改建及治理性交叉口，根据其允许存车数及对向直行车道数，当每个信号周期左转车平均流量超过 3～5 辆时，一般应设左转专用车道。在有中央分隔带的进口道上，应充分利用分隔带空间增加进口车道，剩余宽度应满足行人过街驻足空间的基本要求(1.5 m)。

在做进口道设计时，右转车道宜向进口道右侧(靠非机动车道或人行道一侧)展宽，左转车道宜向进口道左侧(靠道路中心线一侧)展宽。进口道展宽段长度的确定应遵循以下原则(引自《上海市城市道路平面交叉口规划与设计规程》)：

①进口道长度 $L_a$ 由展宽渐变段长度 $l_d$ 与展宽段长度 $l_s$ 两部分确定，其中图 5-4 为左侧车道的展宽，图 5-5 为右侧车道的展宽。

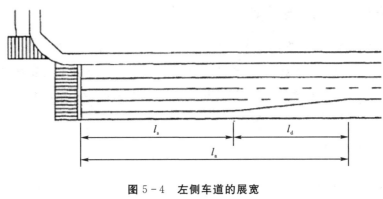

图 5-4　左侧车道的展宽

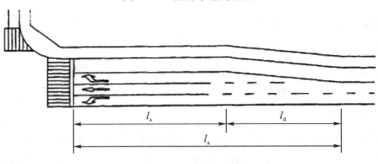

图 5-5　右侧车道的展宽

以上图中的 $l_d$ 和 $l_s$ 分别按公式(5-2)和(5-3)计算：

$$l_d = \frac{v \times \Delta w}{3} \tag{5-2}$$

式中：$l_d$——展宽渐变段长度；

$v$——进口道设计速度,km/h;

$\Delta w$——横向偏移量,m。

$$l_s = 10w \tag{5-3}$$

式中:$N$——高峰每一信号周期的左转或右转车的平均排队辆数。

②无交通流量数据时,新建、改建交叉口进口道长度可参照表5-1的数据设计。

③治理性交叉口用地有限,无法满足上述要求时,可采用表5-7的数据确定进口道的最小长度。

表5-7 治理性交叉口进口道 $l_a$ 的最小长度

| 路段计算速度/(km/h) | 进口道最小长度 $l_a$/m |
|---|---|
| 60 | 60 |
| 50 | 50 |
| 40 | 40 |

④在向右侧展宽的进口道上设置公交停靠站时,应利用展宽段的延伸段设置港湾式公交停靠站,但应追加站台长度。

**2. 交叉口出口道设计**

(1)新建及改建交叉口的出口道车道数应与上游各进口道同一信号相位流入的最大进口车道数相匹配,出口道每一车道宽不应小于3.5 m;治理性交叉口条件受限制时,出口车道数可比上游进口道的直行车道数少一条,每一车道的宽度不应小于3.25 m。

(2)当出口道为干路,相邻进口道有右转专用车道时,出口道必须设置展宽段。

(3)出口道设有公交停靠站时,按港湾停靠站要求设置展宽段;在设置展宽的出口道上设置公交停靠站时,应利用展宽段的延伸段设置港湾式公交停靠站。

(4)出口道的总长度由出口道展宽段和展宽渐变段组成。出口道展宽段长度由缘石转弯曲线的端点向下游方向计算,不设公交停靠站时,长度为60~80 m;设置停靠站时,再加上公交停靠站所需长度,并须满足视距三角形的要求。出口道展宽渐变段长度 $L$ 应按式(5-4)计算:

$$l'_d = (30-20)\Delta w$$

式中:$l'_d$——出口道展宽渐变段长度;

$\Delta w$——横向偏移量,m。

条件受限制时,$l'_d$ 不应小于30 m。

**3. 右转专用道设计**

右转车道设计需要注意适当减小右转车辆转弯半径,如图5-6所示。

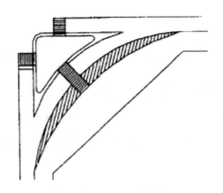

图 5-6 右转专用车道设计

**4. 掉头车道设计**

当中央分隔带宽度不低于 4 m 时,可以在交叉口人行横道之前设置掉头通道(图 5-7)。当中央分隔带小于 4 m,且设有在转车专用信号时,掉头车辆可利用该信号掉头。

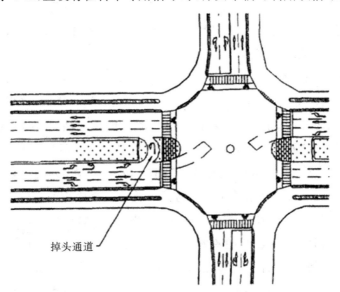

图 5-7 交叉口掉头车道设计

## (二)行人过街横道设计

**1. 行人过街横道的设置原则**

其设置原则如下:

(1)应设在车辆驾驶员容易看清楚的位置,尽可能靠近交叉口,与行人的自然流向一致,并尽量与车行道垂直,以缩短行人过街的步行距离。

(2)当行人过街横道过长(大于 15 m)时,为了缩短行人过街时间,确保过街行人安全,体现以人为本的宗旨,应在过街横道中间设置行人安全岛,其宽度应大于 1.5 m。

(3)人行横道的宽度与过街行人数及信号显示时间相关,顺延干路的人行横道宽度不宜小于 5 m,顺延支路的人行横道宽度不宜小于 3 m,以 1 m 为单位增减。

(4)人行横道位置应平行于路段人行道的延长线并适当后退(见图 5-8 中的 $a=1$ m 部分)。在右转机动车容易与行人发生冲突的交叉口,为了减少右转机动车对相邻的两个进口道的行人过街交通的影响,其横道线不应相交,至少应留有存放一辆右转车的空间,该后退距离宜取 3～4 m(见图 5-8 的 $b=3～4$ m 部分),当自行车过街横道与行人过街道平行设置时,该位置还应做相应的顺延。

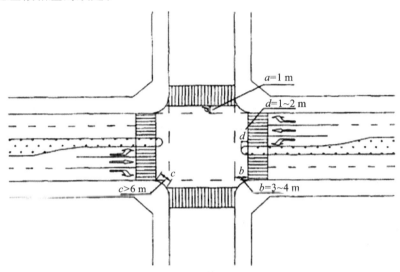

图 5-8　行人过街横道的设置示意

(5)步行道的转角部分(见图 5-8 的 $c$ 部分),长度应不小于 6.0 m(小车的车身长),并应设置护栏等隔离设施。

(6)有中央分隔带的进口道,行人过街横道应设置在中央分隔带端部后退 1.0～2.0 m,或中央分隔带应满足于此设计,为行人过街驻足提供安全保障(见图 5-8 的 $d$ 部分)。

(7)Y 形交叉口可结合导向岛设置人行横道(图 5-9),若行人流量较少时,可不设 A 段行人横道。

(8)T 形交叉口的人行横道布置可如图 5-10 所示,当交通量或行人较少时,可不设 A 或 B 段人行横道。

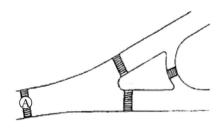

图 5-9　Y 形交叉口人行横道设置

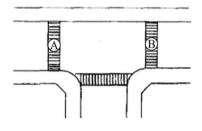

图 5-10　T 形交叉口人行横道设置

(9)高架路桥墩设在平面交叉口附近,在条件受限制时,应在桥墩所处的分隔带上(图

5-11)设置人行横道,必要时增设行人(两次过街)专用信号。

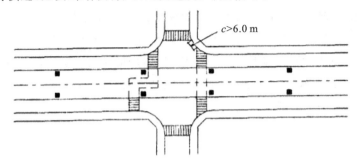

图 5-11 高架路下的人行横道示意图

行人过街横道及与之衔接的人行道或交通岛交接处应做成坡道,且不得有任何阻碍行人行走的障碍物。为了确保行人交通的安全,防止机动车或非机动车随意驶上人行道,避免行人任意横穿道路,在行人过街横道和必要的道路进、出口以外的地方,可沿人行道缘石设置绿化带或美观的分隔栏。

当行人过街交通及其相交的机动车流饱和度、人均待行区面积同时满足表 5-8 的条件而又不宜设置行人过街天桥或地道的交叉口,宜设行人过街专用相位,相位时长应根据过街行人所需过街时间而定。

表 5-8 城市主、次干路设置行人过街天桥或地道的基本条件

| 道路性质 | 行人过街交通平均饱和度 | 机动车交通平均饱和度 | 人均待行区面积 | 待行时间 |
| --- | --- | --- | --- | --- |
| 主干路 | ≥0.85 | ≥0.7 | 行人待行区人均空间<0.6 m² | 超过一个周期 |
| 次干路 | ≥0.85 | ≥0.75 | | |

注:① 行人待行区人均空间可用行人待行驻足面积($m^2$)除以待行行人数得到;
② 饱和度=车辆(或行人)交通量/通行能力。

**2. 行人安全过街的处理**

交叉口若按常规的配时方案设计,即传统的二相位,机动车、非机动车、行人在同一相位内过街,这样机动车与非机动车冲突严重,同时,用机动车信号控制行人交通更有其明显的弊端。行人见机穿越机动车、非机动车交通流,既不安全又会造成对机动车、非机动车通行能力的影响。为了保证行人的安全过街,可考虑在人行横道中部设置行人过街安全区,宽度应不小于 1.5 m,如图 5-12 所示。具体设计方法为:

(1)有中央分隔带的道路。利用分隔带做安全待行区,并保留端部 1~2 m 的分隔带,对驻足的行人起保护作用,如图 5-12(a)所示。

(2)无中央分隔带的道路。应压缩进、出口车道宽,设待行区,并以彩色涂料醒目标出。设进、出口车道数各为 $n_{in}$、$n_{out}$,原车道宽 $w_i$、$w_j$,行人等行宽度为 $D$,设置行人待行区后,进、出口车道宽度为

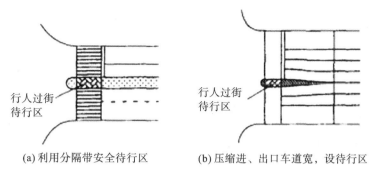

图 5-12 行人过街待行区的设计

$$w'_i = w_i - \frac{D}{2n_{\text{in}}} \quad (i=1,2,\cdots,n_{\text{in}})$$

$$w'_j = w_j - \frac{D}{2n_{\text{out}}} \quad (i=1,2,\cdots,n_{\text{out}})$$

用S表弧线平顺连接于原车道线,如图5-12(b)所示。在安全区的端部设置用于保护安全区的防护栏或防护墩,以确保行人在绿灯尾期无法一次过街时在路中安全驻足。

**(三) 非机动车交通的处理**

**1. 基本原则**

根据自行车交通的特性和交叉口混合交通流的特殊条件,自行车在交叉口的交通管理原则是:

①自行车交通应该与机动车交通进行空间和时间分离,如果没有条件分离,也必须给出适当的空间,让自行车与机动车分道行驶;

②采取必要措施使自行车以较低的速度有序地进入交叉口;

③应尽量使自行车处于危险状态的时间减小到最少;

④如果空间允许,对自行车暂停的地方应该提供实物隔离的措施;

⑤为了简化驾驶人员在交叉路口的观察、思考、判断以及采取措施的过程,自行车交通与机动车交通的冲突点应该尽量远离机动车交通之间的冲突点;

⑥当自行车与机动车在交叉路口等待绿灯或通过交叉口时,应该保证相互间能看得清楚,特别是当自行车通过交叉路口时,应尽可能使机动车驾驶人员知道自行车的行驶路线与方向;

⑦当自行车在交叉口暂停等待时,应提供一个安全的停车位置。

**2. 渠化设计方法**

根据自行车交通的基本特性、自行车在道路交叉口的交通管理原则和提高通行能力等方面的考虑,为了充分利用交叉口的时间和空间资源,交叉口内自行车通行空间优化设计方法,可分别采用右转弯专用车道、左转弯专用车道、左转自行车二次过街、停车线提前、自行车与行人一体化设计。

(1) 右转弯专用车道。利用现有的路面开辟专门用于右转弯的自行车车道。在右转非机动车流量较大,且交叉口用地条件许可时,应给右转非机动车交通流划出专用通行区域或通行车道,以设置绿化岛、交通岛、隔离墩或地面标线等手段,与其他非机动车的行驶空间加以区分。其优点是可以缓和交叉口的交通拥挤,有利于交通安全。设置右转弯专用车道要求交叉口空间较宽,骑车人严格遵守"各行其道"规则。

上述优化方法在实际的应用中,对右转自行车的分隔有两种情况:有渠化岛和无渠化岛,具体设计示例分别如图5-13和图5-14所示。

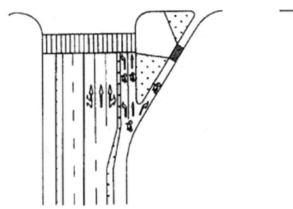

图5-13 有渠化岛时非机动车专用道示意图　　图5-14 无渠化岛时非机动车专用道示意图

注意:图5-13、图5-14中,非机动车右转专用道入口离交叉口停车线的距离,视红灯期间直行及左转非机动车排队等候长度而定。

(2)左转弯专用车道。可以通过设置左转专用自行车道来处理非机动车在交叉口的左转弯问题。使用彩色路面或标线来标示出自行车左转弯专用车道,同时配合专用左转相位,以减少左转弯自行车对直行机动车流的干扰,提高了通行能力。这种设计方法对进口道宽度有一定的要求,一般适用于左转弯自行车交通流较小,机动车设有左转专用相位的交叉口。

(3)左转自行车二次过街。当自行车在交叉口内直接左转时,若没有设置左转机动车专用相位,自行车与机动车之间的干扰很大,同时,自行车的安全得不到保障。可以换一种思路,让自行车与行人以相同的方式过街,在横向道路自行车进口道的前面,设置左转自行车候车区。绿灯启亮后左转自行车随直行自行车运行至前方左转候车区内,待另一方向的绿灯亮时再前进,即变左转为两次直行。

左转自行车二次过街设计方法的优点是:首先,消除了左转自行车与机动车之间的干扰,可以提高自行车及机动车通过交叉口的运行速度与通行能力;其次,减少了左转自行车与直行机动车流的冲突点,有利于交通安全。左转自行车二次过街设计方法的缺点是:增加了左转自行车的绕行距离。

左转自行车二次过街设计方法,一般适用于左转弯自行车流量较低的情况。当交叉口范围较大时,一般也可以使用这种设计方法,如图 5-15 所示。

在自行车流量较大的情况下,仍然可以采用该设计思路。自行车与机动车仍然共用停车线,先对右转自行车进行提前分离,控制直行自行车先于左转自行车进入交叉口,这样可以大大降低交叉口内用于自行车待行的空间,设计图示如图 5-16 所示。

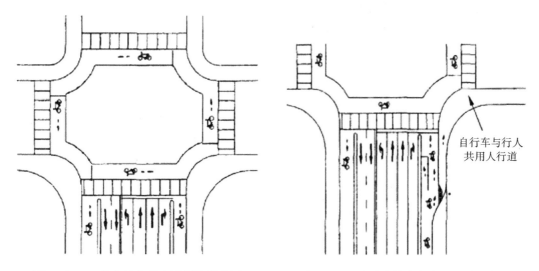

图 5-15　一般左转弯候车区设计示意图　　图 5-16　特殊左转弯候车区设计示意图

对于已经设置交通岛的交叉口,自行车二次过街设计方法是:在交叉口内利用四个角上的实体交通岛作为自行车的待行空间,如图 5-17 所示。这种方法中设计参数的确定,基本思路同上,这里不再详细论述。

①自行车过街横道的设计。在图 5-18 中,$D_i$ 为各进口道的自行车道宽度($i=1,2,3,4$)。$AB$、$CD$、$EF$、$GH$ 为圆弧,可用分隔栏分隔或路面标线标出。

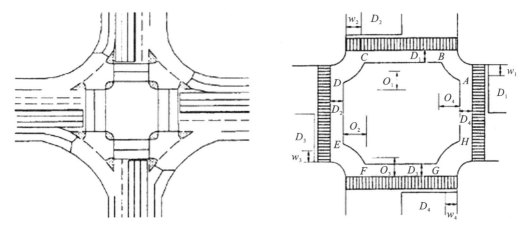

图 5-17　特殊的自行车二次过街设计示意图　　图 5-18　自行车横道的偏移量设计考虑因素图

自行车过街横道宽度 $D_i$ 应在进口道宽度和自行车流膨胀宽度之间取值,可以取两者的中值,计算公式如下:

· 73 ·

$$D_i = \frac{w_{Bpi} + w_i}{2} \tag{5-7}$$

式中：$D_i$——自行车过街横道宽度；

$w_i$——各进口道的自行车宽度；

$w_{Bpi}$——通过 $w_i$ 宽度自行车流的膨胀宽度。

自行车横道的偏移量 $O_i$ 的设计，应检验自行车的膨胀是否会影响到直行机动车的通行，图中宽度 $O_i$ 满足下式：

$$O_i \geqslant \frac{w_{Bpi} + D_i}{2} \tag{5-8}$$

在此基础上，当自行车和人行横道宽度确定后，确定进口道停车线的位置。自行车行人混行过街横道的宽度，要考虑两个因素：高峰期间的自行车应该能够顺利通过；平峰期间的自行车和行人可以一起并行通过。

② 路口内转角处的隔离栅栏或标线形状及定位。栅栏的曲线半径 $L_f$ 主要考虑右转机动车的行驶要求，由右转车的设计车速和道路状况而定。交叉口内隔离栅栏设计示意图如图 5-19 所示。

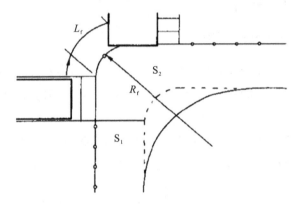

$S_1$—自行车高峰停车线；$S_2$—自行车低峰停车线。

图 5-19　交叉口内隔离栅栏设计示意图

栅栏的长度 $L_f$ 则主要考虑自行车停候空间的要求，即能够使自行车完全停放。这样确定的值与由曲线图 5-19 交叉口内隔离栅栏设计示意图半径尺寸 $R_f$ 计算值相比较，取其大者作为设计值。另外，设计长度也要考虑右转机动车的停驶要求，一般最好取一辆右转机动车的平均长度。

③ 自行车停候区大小及路缘石处理。高峰期间，自行车等候于进口道停车线处，绿灯启亮之后，本向过街车辆和上一相位在栅栏后停候的左转车一起绕行通过交叉口。此时，如果还是采用传统的路缘石设计，很容易造成阻塞。因此，应对路缘石进行处理。

处理路缘石有加大停候区和保证自行车通行顺畅的双重作用。在具体的工程实践上，路缘石的处理存在以下两种做法（见图 5-20）：一种是将 $A$ 点到 $D$ 点间的路缘石改为平缓的斜坡(加以适当的防滑处理);另一种是将 $A$ 点到 $D$ 点内的路缘石收缩一段距离。推荐使用第二种方法,因为人行道的空间都可以用于自行车停候,这样会更加富有弹性。

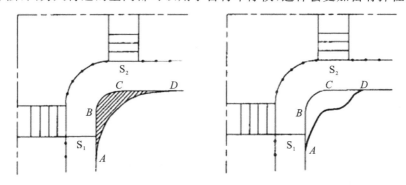

图 5-20 交叉口路缘石处理示意图

根据对自行车流在交叉口候车状态的观察,自行车在非高峰期间,自行车与行人混合停候,其形态如图 5-21 所示。因此,当路缘石处理后,自行车和行人的整体停候特征形态应如下图 5-22 所示。

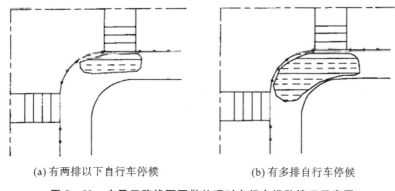

(a) 有两排以下自行车停候  (b) 有多排自行车停候

图 5-21 交叉口路缘石不做处理时自行车排队情况示意图

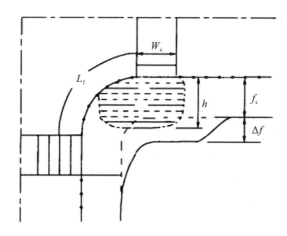

$W_c$——行人和自行车过街横道总宽度;$L_f$——栅栏的长度,主要考虑自行车停候空间的需求,即能够使自行车全停放;$h$——行人和自行车排队总长度;$f_c$——自行车道宽度;$\Delta f$——为满足停候面积路缘石向后拓展宽度。

图 5-22 路缘石处理后自行车排队状态示意图

由前述的分析可知,需要设计的自行车停候区域的面积应由自行车平峰期和高峰期同时决定。这个面积大小与相邻进口道左转车周期到达流量和本进口道直行及左转车周期到达流量相关。

经研究表明,在图 5-22 所示的情形下,由 $W_c L_f h$ 围成的近似梯形面积应等于设计停候面积;停候区后面应留有供右转或侧向直行自行车通过的空间,要求"$f_a + \Delta f \geqslant h + 0.5$"。

在自行车高峰期
$$A = n_{bl}^{(1)} \times r_b$$

在自行车平峰期
$$A = (n_{bl}^{(1)} + n_{bl} + n_{bt}) \times r_b$$

式中:$A$——设计停候面积;

$n_{bl}^{(1)}$——左侧相邻进口道左转自行车周期到达量,辆/周期;

$n_{bl}$、$n_{bt}$——本进口道直行及左转自行车设计周期到达量,辆/周期;

$r_b$——每辆自行车停候时所需面积,平方米/辆。

实际上,设计停候区面积时,侧向进口道左转自行车可能是周期到达量,而本向进口道的直行和左转车一般不会是整个周期的到达量,而是红灯期到达量。因此,实际需要的停候区面积应小于理论计算值。

(4)停车线提前。根据自行车起动快、骑车人急于通过交叉口的特点,可将自行车停车线划在前面,机动车停车线划在后面。红灯期间自行车在机动车前方待行;当绿灯启亮时,非机动车先驶入交叉口,可避免自行车主流同机动车同时过街,造成相互拥挤与干扰。两条停车线之间的距离 $L$ 由非机动车交通量大小以及路口的几何尺寸决定,计算方法见后文。

这种设计思路是避免绿灯初期驶出停车线的自行车主流与机动车之间较大的冲突与干扰,可在一定程度上提高交叉口的通行能力和运行秩序。该方法适用于进口车道数为 1~2 车道、机动车为两相位控制的小型交叉口。这一方法对于提高交叉口的通行能力与交通安全都是有利的,也适合左转弯自行车流量很大的情况。但是,只有对自行车骑车人加强管理与教育,使非机动车做到合理停车,才能发挥其作用。

把自行车停车线提前的交叉口设计有三种形式,详见示意图 5-23、图 5-24 和图 5-25。

图 5-23 所示的设计是最常规的双停车线设计。

图 5-24 对所示的设计是针对进口车道较多的交叉口,辟出 1~2 条机动车道供自行车停车。为了给自行车提供最大的方便,右转自行车提前上人行道绕过停车线,避免前方停车过多阻碍右转自行车通行,同时可以让出更多的自行车停车空间。但由于自行车与机动车仍然共用停车线,所以应使用自行车信号早启,否则会加重自行车对机动车的干扰。

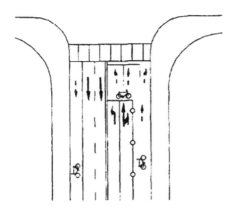
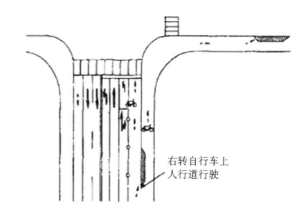

图 5-23 自行车停车线提前法示意图一　　图 5-24 自行车停车线提前法示意图二

图 5-25 比较适合于大型交叉口。人行道稍向后设置，在其前方设置左转和直行自行车的待行空间，达到自行车停车空间提前于机动车的目的。

对于双停车线的设计(图 5-26)，主要控制参数是两条停车线之间的距离 $L$，取决于：

① 自行车和机动车交通量的大小；

② 路口的几何尺寸，比如车道宽度；

③ 信号控制因素，主要是信号周期和绿信比。

其中，交通量的大小与信号控制因素决定了停车区面积的大小。停车线间距的计算公式为

$$L = L_1 + \Delta L \tag{5-11}$$

式中：$L$——两条停车线之间的距离；

$L_1$——自行车停车区的长度，$L_1 = q' \cdot \rho_B / B$；

$q'$——红灯期间到达排队的自行车数；

$\rho_B$——自行车的停车密度；

$B$——交叉口进口道宽度(含自行车道)，如图 5-26 所示；

$\Delta L$——考虑自行车穿行的宽度，一般可取 1 m。

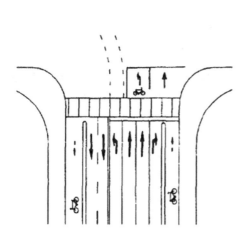
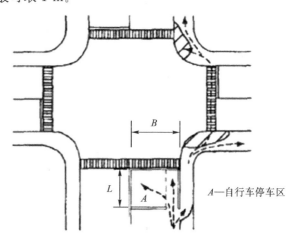

图 5-25 自行车停车线提前法示意图三　　图 5-26 小交叉口双停车线设计示意图

(5)自行车与行人一体化设计。对于新建道路交叉口,应贯穿自行车与行人放在同一层面进行设计的理念,合理的交叉口混合交通处理方案是:自行车与行人的通行空间在一个层面,设施之间用行道树进行柔性隔离,行道树之间互通;机动车在另一层面单独处理,并通过绿化与自行车通行空间进行分隔。这种理念在使机动车与自行车在交叉口上的混杂程度大大降低,同时使得自行车通行空间和行人通行空间可以互相利用,提高了交通空间的利用率。自行车与行人一体化设计如图5-27所示。

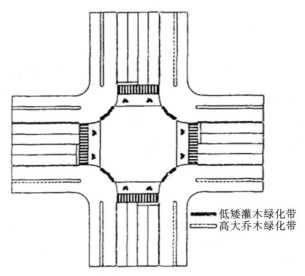

图 5-27　自行车与行人一体化设计示意图

**3. 时间设计对策和方法**

(1)绿灯时禁止机动车右转弯。在早高峰和晚高峰时,机动车和自行车流量都很大的路口,当机动车右转车流量较大时,易导致直行和左转的自行车被阻,从而造成交通拥挤堵塞。此时,可采用绿灯信号期间禁止机动车右转弯,将其改在红灯期间通行,从而消除自行车高峰期间机动车对自行车的干扰,提高交叉口通行能力。

(2)对右转机动车实行迟启控制。如果在自行车通行的绿灯时间内,完全禁止右转机动车的通行,必然会导致右转车延误增加,对于右转车流量较大的交叉口会引起新的交通拥挤。由于自行车在绿灯初、中和末期的运行特征表明,直行和左转的自行车在绿灯中后期的密度明显比初期降低,所以,可以让右转机动车与剩余自行车自组织穿插通行,即右转机动车相对于冲突流向的自行车迟启。

(3)自行车信号的早启早断。考虑到自行车启动快而且总是成群通过路口的特点,针对机动车与自行车的停车线仍然在同一位置上的情形,专门设置自行车专用信号,使其绿灯先亮,让自行车群先进入交叉路口,然后再启亮机动车绿灯信号,让机动车在自行车之后通过路口。前后两次绿灯时间一般可相差5~15秒,具体时长可根据交叉口的交通量大小与交叉口的几何尺寸而定。在绿灯尾期,为了避免自行车对下一相位机动车的影响,对自行车信号相对于同向的机动车信号早断。其优点是缓和交叉路口内交通拥挤,缺点是延长了交通信号周期时间。

(4)除了上述方法以外,还可以采取以下的一些具体的措施。

①多相位信号设计,减少混合交通流的冲突,但其缺点是增加了信号周期,进而增大车辆的延误。

②设置立体交叉,分离交通流;或者设地道与天桥,解决交叉口自行车的通行,但其投资增加,且地道或天桥的利用率并不高。

③对自行车流量较小的交叉口,合并自行车流和行人流,让自行车流上人行道行驶,自行车通过交叉口后再重新走自行车道。

④根据交叉口的类型和各种车流流量的大小,禁止自行车左转;在自行车高峰期,也可以考虑禁止机动车左转或右转。

⑤针对自行车高峰和平峰期流量差别较大的特点,设计可变车道。

### (四)摩托车交通的处理

由于摩托车启动快、机动性好、需要的行驶空间小,所以绿初摩托车易先驶出停车线(实际上,摩托车在红灯期间,会利用其他机动车的间隙插到停车线前排队,甚至占用人行横道排队)。由此会出现下列问题:由于摩托车启动快、平稳性能差,行驶轨迹不规则,易与其他机动车辆形成交织冲突,产生安全隐患;这种相互干扰也造成了其他机动车启动和加速损失时间的增加,降低了交叉口的通行能力。

鉴于以上原因,建议在摩托车流量大于 300 辆/小时的交叉口有必要设立摩托车停车区,具体的设置方式如下:

常见的摩托车的几何尺寸一般大约为:长×宽＝2 m×0.9 m。为了使排队的摩托车在绿灯期间驶出时有一个安全的侧向间距和车头间距,摩托车在停车区每辆占用的面积可取为:长×宽＝2.5 m×1.5 m。由此摩托车的停车区长度可以设置为 6 m,另外,在停车区,不同流向的摩托车可分区进行排队,如图 5-28 所示。

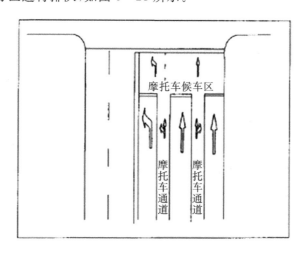

**图 5-28　摩托车停车区及进口道车道的布置**

### (五) 高架道路匝道衔接交叉口处理

规划、设计高架道路、地道或互通立交时,其匝道出入口宜远离干道的平面交叉口,以降低相互间的影响,具体布设宜按以下要求:

(1) 出口匝道的位置宜按驶出匝道车辆的左、右转交通量大小布置;左转交通量大时,宜在靠近平面交叉口进口道左转车道与直行车道之间布置出口匝道;反之,则靠近右转车道与直行车道之间布置出口匝道。

(2) 出口匝道近地面段宜分成两条车道以上,按车辆出匝道后左、右转及直行交通量的大小划分出口车道功能。

(3) 出口匝道的落地点离下游平面交叉口进口道展宽渐变段起点宜大于 80 m;若距离不足 80 m 且使匝道车流与干道车流变车道有困难时,可在交叉口进口道处分别进行地面进口道展宽和匝道延伸部分的展宽,并设置相应的车道和信号相位。

(4) 出口匝道左转交通量较大,并对下游交叉口通车产生影响,且干道中央高架道路墩位较宽时,可采取在匝道或交叉口进口道禁止左转、在交叉口下游实行远引左转的管理措施,同时,在交叉口进口道上游及出口匝道上须设有禁止左转标志及分车道的悬挂指路标志,如图 5-29 所示。

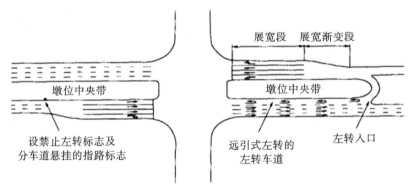

**图 5-29 利用墩位中央带做远引左转的布设**

### (六) 交叉口内部区域渠化设计

平面交叉口内部区域应采用导流线、交通岛及交通流向标志等进行渠化设计,过街安全岛应按行人横道线宽度铺设人行道板。

渠化的行驶路线应简单明了,根据各流向车流的安全行驶轨迹设计。交叉口内应把各流向的交通流行驶轨迹所需空间之外的多余面积用标线或实体做成导向交通岛。车道的宽度应适当,应避免因过宽所引起的车辆并行、抢道现象;右转专用车道应按转弯半径大小设计车道加宽。

图 5-30 为交叉口交通渠化设计示意图。

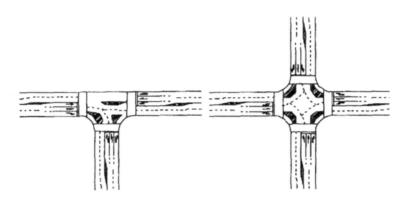

图 5-30 交叉口交通渠化设计图

当交叉口空间较大时,各流向的车辆行驶轨迹范围比较大,因此发生冲突的区域相应增大,不利于交通流的运行与控制。该情形可通过导流线限定各股交通流的行驶轨迹,一方面利于交通流平顺行驶,同时限制车辆转弯时的任意性。

图 5-31 为直行车导流线与左转车导流线的示意图。

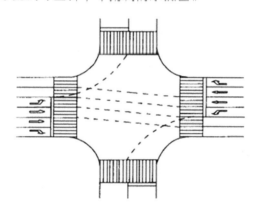

图 5-31 直行车导流线与左转车导流线示意图

## 六、特殊情况的设计方法

**1. 多路交叉口**

当交叉口相交的道路大于 4 支时,交叉口内交通流向很复杂,很难进行交通流组织。其设计思路有两个:

(1) 利用其中的 1~2 条支路设置单行线;

(2) 分离其中的 1~2 条支路,使其提前交汇与邻近的干道相交,如图 5-32 所示;然后将两个交叉口做协调设计。

**2. 畸形交叉口**

对于斜交的 4 路交叉口,在有用地条件的情况下,可将等级低的道路改为如图 5-33 的形式。与另一条路相直交,形成两个 T 形交叉口,如图 5-34 所示;然后将两个交叉口做协调设计。

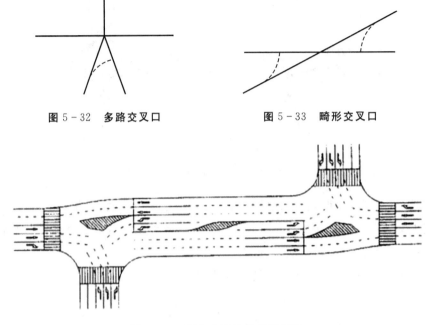

图 5-32 多路交叉口　　图 5-33 畸形交叉口

图 5-34 两个交叉口的协调设计

Y形交叉口内部空间有较大的部分未被利用,因此应将这些部分以划线形式标出,使得行车轨迹更加明确,如图 5-35 所示。

**3. 三块板道路进口道公交停靠站设计**

对于三块板道路,当公交停靠站设置在进口道时,为改善右转车与公交车之间的交织问题,可将右转车提前引至自行车道上,利用自行车道的一部分宽度设置机动车右转专用道。此时对自行车的处理是:压缩自行车道宽度或让自行车驶上人行道,如图 5-36 所示。

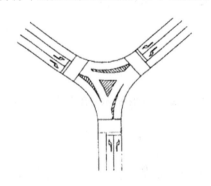 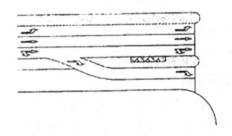

图 5-35 Y形交叉口渠化设计图　　图 5-36 进口道处公交停靠站的设计

## 第三节 路段交通设计

在路段交通组织的基础上进行路段交通设计,主要包括人行道设计、行人过街横道设计、非机动车道设计和机动车道设计。另外,也应进行路段进出交通设计、路边停车设计等。设计时应注意各步骤之间的相互衔接和协调,并尽量保持道路断面的统一,以体现路段交通设计的整体性。

### 一、人行道设计

**(一)设计原则**

路段人行道的设计要充分考虑到行人通行的安全性、畅通性和舒适性,尽量避免与车辆共用通道。

**(二)宽度设定**

人行道上行人通道的宽度应根据行人通行需求和人行道设计通行能力确定,最小宽度不得小于 1.5 m,人行道可能通行能力为 2400 人/(小时·米)。

**(三)隔离措施**

在人行道边缘,宜设置绿化带(行道树及其他的绿化)来隔开人行道与机动车道或非机动车道,以阻止行人穿越;当人行道较宽,供行人和非机动车共用时,宜采用不同铺装或绿化带将人流和非机动车流加以分开。

**(四)其他**

人行道上,公共设施如公共电话亭、电线杆、防火栓、各类标志标牌等亦应沿边缘设置(往往就设在绿化带宽度范围内,行道树之间的空余地方)并应规格统一、醒目,不得妨碍行人的正常通行。另外,考虑到残疾人的通行需求,应进行无障碍设计,宽度足够条件下宜设置盲道。

### 二、行人过街横道设计

**(一)设计原则**

路段行人过街横道的设计既要保障行人过街的安全性和便捷性,又要尽量减少行人过街对车辆通行的干扰。

**(二)位置选择**

行人过街横道的设置应在整条道路上做整体布置。一般在交叉口应设置行人过街横道,然后根据交叉口的间距、道路的性质、车流量、沿线两侧大型交通集散点及公交停靠站的位置、路边停车等情况,考虑路段中间是否必须且可能增设行人过街横道。在主干路和次干路的路段上,行人过街横道间距宜为250～300 m。为确保行人过街的安全,在下列地段不宜设置行人过街横道:

①弯道、纵坡变化路段等视距不良的地方;

②车辆转弯进出较多又不能禁止的地方;

③瓶颈路段。

另外,当在信号控制交叉口附近必须设置行人过街横道时,宜对其实施信号控制并与该交叉口进行协调控制。

**(三) 宽度设定**

行人过街横道的最小宽度不宜小于3.0 m,在此基础上,根据行人过街需求和行人过街横道设计通行能力适当增加,增加幅度以1 m为单位。行人过街横道可能通行能力为2700人/(绿灯小时·米)。

**(四) 视认性**

路段行人过街横道应该配以相应的交通标志、标线,包括注意行人标志、行人过街横道标志、行人过街横道指示标线、机动车停车让路标志等。

**(五) 路段行人二次过街方案**

当道路双向机动车道数6条以上时,应在中央分隔带或机非分隔带上设置行人驻足岛,以解决无法实现行人一次过街的问题,如图5-37所示。另外,人行道及分隔带上与行人过街横道衔接处应进行无障碍设计。

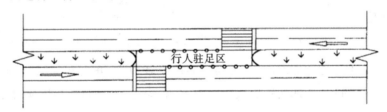

图5-37 路段行人二次过街设计示意图

**(六) 过街天桥或地道的设置条件**

道路两侧存在大量人流来往的大型建筑物,可结合实际条件和需要设置人行天桥或过街地道。另外,当行人过街交通及其相交的机动车流饱和度、人均待行区面积同时满足表5-9的条件时,应考虑设置行人过街天桥或地道。

表 5-9　城市主次干路设置行人过街天桥或地道的基本条件

| 道路性质 | 行人过街交通平均饱和度 | 机动车交通平均饱和度 | 人均待行区面积 |
| --- | --- | --- | --- |
| 主干路 | ≥0.85 | ≥0.7 | 行人待行区人均空间 |
| 次干路 | ≥0.85 | ≥0.75 | <0.6 平方米/人 |

注：①行人待行区人均空间可用行人待行驻足面积($m^2$)除以待行行人数得到；
　　②饱和度=车辆(或行人)交通量/通行能力。

此时如果不宜设置行人过街天桥或地道，则应设行人过街信号灯，相位时长应根据过街行人所需过街时间而定，行人过街步行速度可取 1.2 m/s。

## 三、非机动车道设计

**(一) 设计原则**

保证非机动车通行的安全性、连续性，避免与行人、机动车之间的相互干扰。

**(二) 宽度设定**

非机动车道宽度可参考单车道宽度的整倍数值，单向行驶最小宽度不得小于 1.5 m。根据非机动车高峰小时交通量和单车道设计通行能力来确定非机动车道的条数。自行车道单车道路段可能通行能力推荐值：有分隔设施时为 2100 辆/(小时·米)；无分隔设施时为 1800 辆/(小时·米)。三块板或四块板道路的非机动车道上，如有畜力车、三轮车、板车行驶或允许机动车顺向行驶一段距离，则非机动车道路面宽度应适当加宽。

**(三) 隔离措施**

非机动车道与机动车道之间可以用绿化带、栅栏或仅用划线的方法进行隔离，尽量避免机、非混行。如果人行道宽度足够大，可以让非机动车上人行道行驶，宜用绿化带或不同铺装将人流和非机动车流隔离。

**(四) 道路改建时对非机动车道的考虑**

我国城市里已建道路特别是早期建设的道路，大多为自行车留有较宽的专用车道，而随着经济的发展，自行车交通量逐渐降低，这样一来，就必然会出现非机动车道道路资源闲置的状况。为充分利用非机动车道道路资源，当然更是为了缓解机动车道的交通压力，可根据实地情况选用如下几种措施：

(1)如果非机动车交通量很少，同时人行道宽度又足够，可以将非机动车道改造成机动车道，而让非机动车上人行道行驶，如图 5-38 所示。

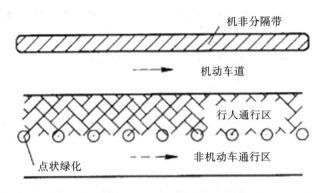

**图 5-38　非机动车道设置在人行道上**

(2)如果非机动车道宽度不小于 7 m,而自行车流量不大,可将非机动车道分为两部分,分别供机动车与非机动车使用,如图 5-39 所示。仅在部分停靠点、停靠站和交叉口区域,对人行道进行缓坡无障碍设计,让非机动车上人行道行驶,以避免机非冲突。

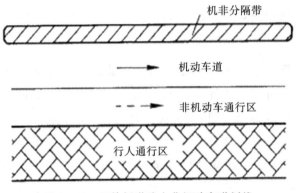

**图 5-39　三块板道路上非机动车道划线**

(3)如果非机动车交通量存在明显的时变性,可对非机动车道进行动态管理。如在早、晚非机动车高峰时段,禁止机动车入内通行;在平峰时段,则允许机动车临时停车,甚至可以变换非机动车道为机动车道而让自行车上人行道行驶。

(4)一块板道路机非划线分隔:在次干道和支路上,机动车与非机动车混行在同一车道,各自的通行空间均得不到保障,非机动车的安全也无法保障。在满足机动车道宽度的前提下,划出剩余空间给非机动车通行,使机动车与非机动车均有明确的通行空间,减少相互之间的干扰,增强非机动车行驶的安全性。一块板道路机非划线分隔,如图 5-40 所示。

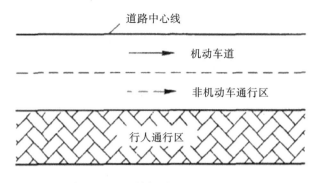

图 5-40 一块板道路机非划线分隔

## 四、机动车道设计

**(一) 设计原则**

机动车道的设计要保证机动车通行的连续性、安全性,避免与行人、非机动车之间的相互干扰,还要尽量减轻机动车内部相互之间的冲突。

**(二) 宽度设定**

机动车道宽度应为单车道宽度的整倍数值。根据机动车高峰小时交通量和单车道设计通行能力来确定机动车道的条数,一条车道的可能通行能力推荐值见表 5-10。路段单车道宽度应根据其上行驶车辆的车型和设计车速来确定。一般,城市道路车道最大宽度不宜超过 3.5 m,最小宽度不宜低于 3.0 m;对于靠近中央分隔带、机非分隔带或人行道的机动车道,其外侧应有不低于 0.25 m 宽的安全距离。

表 5-10 一条机动车道的可能通行能力

| 设计车速/(km/h) | 50 | 40 | 30 | 20 |
|---|---|---|---|---|
| 可能通行能力/(pcu/h) | 1690 | 1640 | 1550 | 1380 |

**(三) 隔离措施**

城市快速路及设计车速不低于 50 km/h 的主干路上,应设中间分车带以分隔对向交通,特殊困难时可采用分隔物,不应采用双黄线。在其余低等级道路上,如果局限于条件无法采用硬质分隔,可以用双黄线来分隔对向交通。

**(四) 车道管理**

车道管理有单向交通、变向交通和专用车道等措施可供参考采用。

**1. 单向交通**

单向交通又称单行线,是指道路上的某些车辆在一定的时段内只能按一个方向行驶。单向交通可分为固定式单向交通、定时式单向交通、可逆性单向交通、车种性单向交通等。由于减少了对向行车的可能冲突,单向交通有利于提高通行能力和行车速度、降低交通事

故。一般说来,实行单向交通可参考下列几点原则:

①具有相同起、终点的两条平行道路,它们之间的距离为350～400 m,同时,车行道狭窄又不易拓宽,而交通量很大,易造成严重交通阻塞,可实行单向交通;

②具有明显潮汐交通特性的街道,且其宽度不足三车道,可实行可逆性单向车道;

③复杂的多路交叉口,某些方向的交通可另有出路的,可将相应的进口道设为单向。

实行单向交通要注意的是:应充分考虑到它所引起的车辆绕行问题,做好周围的交通组织,并设置醒目的交通标志,特别是应处理好单向交通与双向交通的过渡段。另外,公交车线路较多,或自行车流量较大的道路不易搞单向交通。

**2. 变向交通**

变向交通又称"潮汐交通",是指在不同的时间内变换某些车道上行车的方向性或种类性的交通。变向交通可分为方向性变向交通和非方向性变向交通。

(1)对于方向性变向交通,是指在不同的时间内变换某些车道上行车的方向性。它可使车流量方向性分布不均匀现象得以缓解,从而提高道路的利用率。其实施条件为:

①道路上机动车道数不少于双向三车道;

②道路上交通量方向不均匀系数 $K_D > 2/3$;

③道路上重交通方向在使用变向车道后,通行能力应得到满足;同时,轻交通方向在去掉变向车道后,剩余的通行能力也能满足交通量的需求。

④实施方向性变向交通,在路段上每隔一段距离都要布设门架式车道指示灯,以指示车道方向,如图5-41所示。

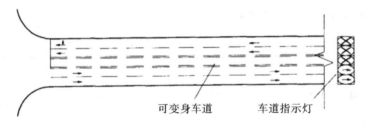

图 5-41 方向性变向交通设置示意图

(2)对于非方向性变向交通,指在不同的时间内变换某些车道上的行车种类。它又可分为车辆与行人、机动车与非机动车之间相互变换使用的变向车道。例如,在早晨自行车高峰时间,变换机动车外侧车道为自行车道,到了机动车高峰时间,则变换自行车道为机动车道,同时让自行车上人行道行驶。非方向性变向交通对缓解各种不同类型的交通在时间分布上的不均匀性矛盾有较好的效果。设计原则如下:

①自行车借用机动车道仅适用于一块板和两块板道路,借用后剩余机动车道的通行能力应可以满足交通量需求。

②机动车借用自行车道,应安排好自行车的通行区域,保证其通行安全。

③行人借用车行道适用于中心商业区,除定时步行街外,要对机动车流进行分流疏导和控制。

**3. 专用车道**

规划设计专用车道是缓解城市交通问题的途径之一,它主要是指公共汽车辆专用车道。公共汽车载客量大,人均占用道路面积较小,通过设置公共汽车专用车道可提高公共汽车的运行效率和服务质量,达到减少城市交通总量的目的,从而使整个城市的交通服务质量得到改善,带来较大的社会效益。

其具体措施包括:开辟公共汽车专用线、公共汽车专用街及公共汽车专用道路,发展轻型有轨交通和地铁等。

## 五、路段进出交通设计

**(一)设计原则**

路段进出交通的设计既要考虑车辆进出的便捷性,更要考虑到它对主线交通的干扰问题,力求避免左进左出。

**(二)设计方法**

为避免车辆直接左转进出,基本上有以下三种方法:
①可以采用网络交通组织的方法,使车辆绕道而行;
②使车辆利用交叉口实现左转掉头;
③在路段上设置掉头车道和掉头通道。

(1)以设置在路边的公交起终点站为例,为避免公交车直接左转出站,可以利用周围路网组织"右进右出",如图 5-42 所示。

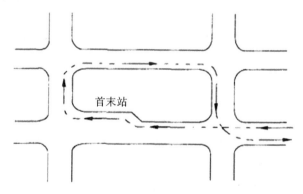

图 5-42 公交起终点站交通组织方案

(2)三块板道路上,应尽量保持机非分隔带的连续性,路段上单位门前的机非分隔带开口间距一般不应低于 200 m。单位车辆出入前后一般应在辅道上行驶一段距离;在沿线交叉口间距较小的情况下,车辆可利用交叉口实现左转。交叉口进口道上游有高架下匝道时,可以考虑在交叉口利用墩位中央带做远引左转设计。

(3)两块板道路上,在中央分隔带宽度不小于 4 m,或单向机动车道不少于 3 条的情况下,一般可设置掉头车道和掉头通道,以解决路段上左转进出的问题。一般,当车辆掉头需求较小时,可以让掉头车辆在掉头通道停车待行,而不需再进行其他的渠化措施;当车辆掉头需求较大时,则应在对向车道划出避让线,如图 5-43 所示。若中央分隔带宽度足够,则可考虑压缩中央分隔带以设置掉头待行区段和汇入区段,如图 5-44 所示。另外,对路段行人过街横道与掉头车道的布设可以相互结合,如图 5-44 所示。

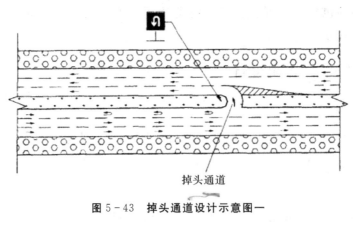

图 5-43 掉头通道设计示意图一

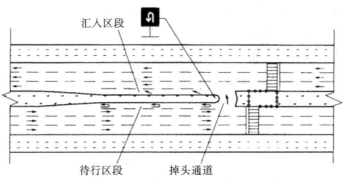

图 5-44 掉头通道设计示意图二

(4)对于某些特殊的大型交通集散点,则可允许车辆直接左转进出。宜将其门前路段上中央分隔带断开一段距离,在其门前右侧设置左转待行区段,如图 5-45 所示。必要时还可进行感应信号控制,以方便车辆左转进出;为更好地解决问题,还应做好前后临近交叉口的交通组织管理,通过组织绕行路线,尽量减少经过该集散点的车流。

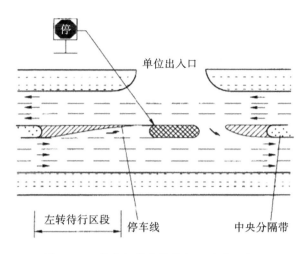

图 5-45 单位门前左转待行区设计示意图

## 六、路边停车设计

### (一)利弊分析

路边停车通常占用一部分机动车道、慢车道(或巷道)或人行道。其优点在于,停车方便,周转快,利用率较高;其缺点在于:降低道路容量,导致交通拥挤。鉴于路边停车弊大于利的特点,原则上应逐步取消。但在许多城市路外停车设施严重短缺的情况下,可在不严重影响交通的前提下,允许设置少量的路边停车泊位,同时配以严格的限时和收费等管理措施。

### (二)位置选择

路边停车设计应依据道路网布局和交通组织要求进行,同时考虑交通流量、车道数、道路宽度、路口特性、公共设施及两侧土地使用状况等因素。原则上,凡存车会影响交通安全与通畅的地点,均应禁止路边存车。某地点能否允许路边存车,取决于该处的道路条件及行车与存车需求的相对重要性,具体来说有如下几点原则:

(1)在交通性干道、需要整宽都用于通车的道路上,应禁止路边存放。

(2)在住宅区、办公中心、商业区等,需要大量存车地区,尽可能提供路边存车空间。

(3)在市中心区,除尽可能在路边划出允许存车的地点外,尚必须在存车时间上加以严格限制,以提高这些存车地点的存车周转率。

(4)在两交叉口距离较近的情况下,设置路边停车的车位要保证不影响交叉口排队。如图 5-46 所示,图中各参数含义如下:

显然,$D=L_1-L_2-d$。一般,如果 $d<20$ m,则不宜设置路边停车车位。

(5)确定允许存车地点,一般可采取"排除法",即首先把那些禁止存车的地点划出来,其余就划为允许存车的地点。在此基础上,遵循设置存车点后路段通行能力与路口通行能力

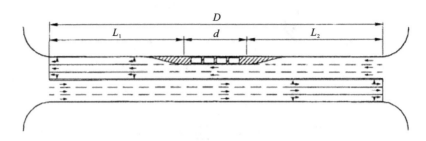

$D$—两交叉口间距离；

$L_1$—前方交叉口进口道最大排队长度加 15～20 m；

$L_2$—上游交叉口对向进口道最大排队长度加 15～20 m；

$d$—允许设置路边停车区段长度。

图 5-46 近交叉口间路边停车设置示例

相匹配的原则，进一步筛选存车设置地点。

**(三) 车位排列设计**

路边停车车位应用标线划定，其排列方式有平行式、斜角式、垂直式三种。图 5-47 列出三种基本的路边停车车位排列及其车位数计算方法。

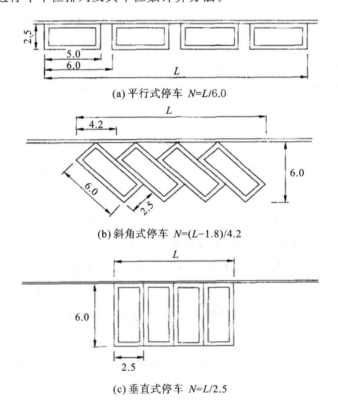

(a) 平行式停车 $N=L/6.0$

(b) 斜角式停车 $N=(L-1.8)/4.2$

(c) 垂直式停车 $N=L/2.5$

图 5-47 路边停车基本车位排列及其车位数计算方法（尺寸单位：m）

## (四)非机动车路边临时停存设计

方便停车是非机动车停车设施的基本要求,主要体现在从停车点到目的地的步行距离(时间)不能太长,一般应处于公交站点覆盖的范围内,应根据道路网规划、交通管理、交通组织的要求,在保证道路服务水平(D级以上)的前提下,采用标志、标线设立停放点。

在非机动车停车需求量较大的大型集散点(如大型商场、重要公交站点等)附近,应采用集中式停车方式,设置非机动车停车棚,且进行停车收费管理;另外,规划新建的大型商业中心、娱乐场所等集散点时,需配建非机动车停车场。

一般路段上应采用分散式停车方式。有行道树时,利用树间空当来布置非机动车停车区;无行道树但人行道较宽时,可在有停车需求的范围内划定非机动车停车区,并设置停车标志、标线。

车位排列方式的选择,应以出入方便为原则,主要有垂直式、斜列式两种,推荐选择斜列式车位排列。图 5-48 为利用行道树间空当来布置斜列式自行车停车位的示意图。

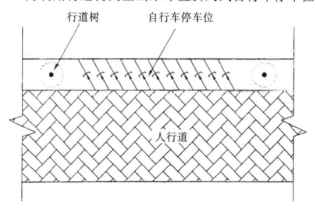

图 5-48 利用行道树空当布置斜列式自行车停车位示意图

## 七、出租车临时停靠点设置

### (一)设置原则

出租车临时停靠点的设置应以保证不同交通流的安全为前提;同时,不能严重影响其他车辆的通行(尤其是公交车辆)。

### (二)位置选择

在旅馆、百货公司、交通枢纽点或其他较大型的人流集散点附近,可设置出租车临时停靠点,停车车位尺寸可遵循路边停车设计的相关规定,车位排列一般采用平行式,如图 5-47(a)所示。如果附近已设有公交停靠站,则出租车临时停靠点应设在公交停靠站的上游至少50 m 处。

### (三) 管理措施

对出租车临时停靠点应配以严格的管理，例如，只准其上下乘客，并规定临时停车时间不得超过 2~3 min。另外，设置出租车定点停靠的路段需配有明确的交通标志、站牌(附有明确的停车收费标准、停车时限等)予以指示。

## 第四节　与公共汽车交通相关的交通设计

本节从整个公共交通系统的角度出发，对公交中途停靠站和公交专用道的设置及其相关的控制管理措施进行说明。

### 一、公交中途停靠站设计

公交中途停靠站给公交车辆停靠、乘客上下车提供服务。公交站点的设置类型及规模应满足公交线路路网规划的要求，同时应充分考虑道路性质、沿线两侧用地性质、换乘便利性、临近路段和交叉口交通状况及用地可能条件等的约束。设置时应遵循以下原则：

① 保证乘客的安全；
② 方便乘客换乘、过街；
③ 有利于公共汽车安全停靠、顺利驶离；
④ 与路段及交叉口通行能力相协调。

#### (一) 站点位置的选择

**1. 站距规定**

根据国家标准，公交停靠站的服务面积，以 300 m 为半径计算，不得小于城市用地面积的 50%；以 500 m 为半径计算，不得小于 90%，且公交停靠站的站距应符合表 5-11 的规定。

表 5-11　公交停靠站的站距

| 公交车 | 市区线/m | 郊区线/m |
| --- | --- | --- |
| 公共汽车与电车 | 500~800 | 800~1000 |
| 公共汽车大站快车 | 1500~2000 | 1500~2500 |

同向换乘距离应不大于 50 m，异向换乘距离不应大于 100 m。在道路平面交叉口和立体交叉口上设置的车站，换乘距离不宜大于 150 m，并不得大于 200 m。

**2. 站点位置的选择**

标准公交站点的位置选择标准见表 5-12。

表 5-12　公交停靠站的位置选择标准

| 参考标准 | | 选择方案 | | | |
|---|---|---|---|---|---|
| | | 交叉口 | | 路段中 | |
| | | 下游 | 上游 | 远离人行横道 | 靠近人行横道 |
| 安全 | 乘客的活动安全 | ○ | | ○ | |
| | 公共汽车行驶龄 | ○ | | ○ | |
| | 其他交通活动 | | ○ | | ○ |
| 车辆运输 | 方便行人活动 | | ○ | | |
| | 方便公共汽车转弯 | ○ | ○ | ○ | ○ |
| | 公共汽车、机动车的冲突小 | ○ | | | |
| 对交通流的影响 | 公交车红灯右转对交通影响小 | ○ | | ○ | ○ |
| 对毗邻土地使用与发展的影响 | 商业活动 | ○ | ○ | ○ | ○ |
| | 土地使用 | ○ | ○ | ○ | ○ |

**3. 交叉口附近公交站点的位置选择**

在公交出行的起点和终点,乘客一般要通过步行或者自行车到、离公交系统,公交停靠站的设置应使乘客步行和骑行时间最短。显然,交叉口是各个方向人流汇聚和分散最为便捷的地方,因而交叉口附近是公交站点布置的理想位置。

一般规定,在交叉口附近,公交停靠站应设置在离交叉口 50 m 以外处;对于新建、改建交叉口,公交停靠站应设置在平坡或者坡度不大于 1.5% 的坡道上,当地形条件受限制时,坡度最大不得超过 2%。下面,对在交叉口下游和上游的公交站点设置分别进行说明。

(1)在交叉口下游(出口道)设置公交站点。

①在下列情况下,优先考虑在交叉口下游设置公交站点:

a. 存在视距问题;

b. 机非混行的道路,公交车频繁使用右侧非机动车道;机非分隔道路或机动车专用道路,右侧机动车道不是公交车专用道,机动车高峰期间公交车频繁使用外侧机动车道;

c. 机动车高峰期间上游右转车流量超过 250 辆/小时;

d. 公交车为左转的情况。

②公交停靠站设置在交叉口下游时,离开(对向进口道)停车线距离按如下原则确定:

a. 无信号灯控制的交叉口,停靠站必须在视距三角形外(包括车站内同时停放的最大车辆数);

b. 下游右侧拓宽增加车道时,应设在右侧车道分岔点向前至少 15~20 m 处;

c. 在新建交叉口,且非港湾停靠站的条件下,按道路等级:主干道距停车线至少 80 m;次干道距停车线至少 50 m,支路至少 30 m。

(2)在交叉口上游设置公交站点。

①在下列情况下,优先考虑在交叉口上游设置公交站点:

a. 公交流量大,车辆停靠不产生冲突与危险;

b. 右转车道公交车占主要比例。

②公交停靠站设置在交叉口上游时,离开停车线距离按如下原则确定:

a. 边侧为拓宽增加的车道时,停靠站应设在该车道分岔点之后至少 15~20 m,并将拓宽车道加上公交站台长度后做一体化设计,图 5-49 表示出进行一体化设计前后的差异;

b. 边侧无拓宽增加车道时,停靠站位置应在外侧车道最大排队长度的基础上再加 15~20 m 处,停靠站长度另外确定;

c. 对新建交叉口,且非港湾停靠站情况,按道路等级:主干道上距停车线至少 100 m;次干道至少 70 m,支路至少 50 m。

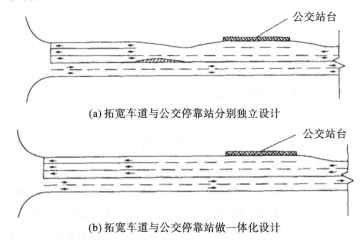

图 5-49 拓宽车道与公交停靠站做一体化设计前、后比较

**4. 站点合并设计策略**

对多条公交线路并行的路段,如果行车密度小,上下乘客不多而换乘较多时,可合并设站,此时,应根据公交车到站频率和站台类型、长度来确定并站的最大线路数,一般不宜超过 5 条,特殊情况下不应超过 7 条。如果线路数较多,行车密度比较大且上下乘客较多,应分开设站。在线路重复段较长的情况下,除将几个乘客换车较多的站点合在一起外,对其余换车较少的站点,将其拉开,前后交错间隔布置。一般应将上下乘客少、车辆密度小的线路设在前方,将上下乘客多、发车密度大的线路站点设在后方。公共电、汽车不应共用同一停靠站,而应将电车站布置在汽车站的前方。站牌间距应满足下游停靠站台长度加上 25.0 m 长,以保证不影响上游公交车停靠站的运转。

**5. 上、下行对称公交停靠站相对位置的确定**

一般规定,上、下行对称的站点宜在道路平面上错开,即交叉设站,其错开距离应不小于 30 m;同时,为方便乘客过街换乘,错开距离也不宜过大。其相对位置有迎面错开与背向错开之分,下面对两种设置方法带来的问题进行分析,并提出改善方法。

(1)公交站迎面错开设置的问题。如果公交站迎面错开距离很小,又需要在二者之间设置行人过街横道,则行人过街横道可能会离公交站太近,以至于公交车在行人过街横道前形成排队;由于公交车体积较大,很容易阻挡其左侧机动车司机和右侧过街行人的视线,从而导致交通事故的发生,如图 5-50(a)所示。此时要注意调整行人过街横道的位置,将其与公交站的距离拉开;对于两块板道路,可以将对称站点调整为背向错开,如图 5-50(b)所示。

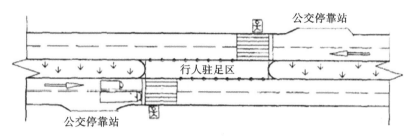

(a)行人过街横道离公交站太近时产生不安全因素

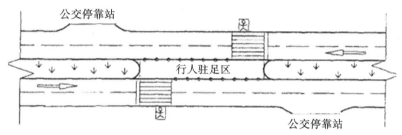

(b)将对称公交站进行位置调整的结果

**图 5-50 公交站迎面错开设置**

(2)公交站背向错开设置的问题。对于三块板或一块板道路上的非港湾式公交站点,如果两站点间的距离太近,容易出现"双重瓶颈"的情况,使得道路通行能力大大缩小,如图 5-51 所示。所以要注意适当拉开两站点间距离或将站点改为港湾式。对于港湾式公交停靠

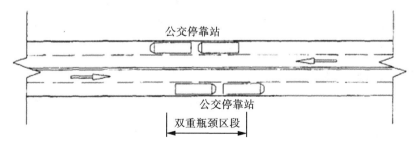

**图 5-51 公交站背向错开设置导致"双重瓶颈"**

站,如果由于站台长度不足而产生排队溢出,则也会出现类似的问题。对于四块板或两块板道路则不存在这个问题。

### (二) 设置类型的选择

**1. 基本类型**

公交停靠站台的布置方式,按其设置的位置,分为沿人行道边缘及沿机动车与非机动车道分隔带设置两种;按几何形状又分为港湾式和非港湾式两类。其中,港湾式公交停靠站的几何尺寸如图 5-52 所示(引自《上海市城市道路平面交叉口规划与设计规程》)。

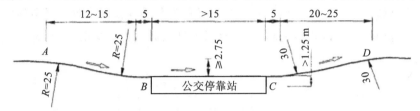

图 5-52 港湾式公交停靠站的几何尺寸(尺寸单位:m)[①]

**2. 一般规定**

(1) 公交停靠站候车站台的高度宜取 15~20 cm;站台的宽度应取 2.0 m,改建及综合治理交叉口,当条件受限制时,最小宽度不应小于 1.25 m。

(2) 为区分公交停靠站的停车范围,在公交停靠站车道与相邻通车车道间按国标设置专用标线。一辆公交车停车长度以 15~20 m 为准,多辆公交车停靠的站台长度可按式(5-12)确定:

$$L_b = n(l_b + 2.5) \quad (5-12)$$

式中:$L_b$——公交停靠站的站台长度;

$n$——公交停靠站同时停靠的公交车辆数;

$l_b$——公交车辆长度。

(3) 对于新建道路,公交停靠站车道宽度为 3.0 m;改建或治理性道路,受条件限制时,公交停靠站车道宽度最窄不得小于 2.75 m;相邻通行车道宽度不应小于 3.25 m。

(4) 人行道宽度确有多余时,可压缩人行道设置公交停靠站;人行道的剩余宽度应保证大于行人交通正常通行所需的宽度,最小宽度不宜小于 2.50 m,行人少的场合,也应确保不小于1.50 m。必要时可在停靠站局部范围内拓宽道路红线。

**3. 停靠站类型选择原则**

(1) 在快速路和主干路及郊区的双车道道路上,公交停靠站不应占用车行道,应采用港湾式布置;市区的港湾式停靠站长度,应至少有两个停车位。对主干路而言,如果两侧路网

---

① (引自《上海市城市道路平面交叉口规划设计规程》)

比较发达,可以考虑结合附近大型交通集散点将公交站点设置在相邻支路上。

(2)符合以下情况时,应设置港湾式停靠站:

①机非混行的道路,且机动车只有一车道,非机动车的流量较大(1000辆/(米·小时)),人行道宽度多7.0 m时;

②机非混行的道路,高峰期间机动车、非机动车交通饱和度皆大于0.6,且人行道宽度大于7.0 m时,可设外凸式港湾停靠站(非机动车交通流在驶近公交停靠站时上人行道行驶);

③机动车专用道路,外侧流量较大(不小于该车道通行能力一半),且外侧机动车道宽度加人行道宽度大于8.25 m时;

④沿分隔带设置的公交停靠站,最外侧机动车道宽度加分隔带宽度大于7.0 m时,应设置成港湾式停靠站。

(3)考虑到路段与交叉口通行能力的协调,给出停靠站类型的参考性选择提出参考,如表5-13所示。

表5-13 停靠站类型选择

| 路段车道数 | 路口车道数 | 停靠站类型选择 |
|---|---|---|
| 1 | — | 人行道宽度足够时设港湾式停靠站 |
| 2 | 2 | 尽量创造条件设置港湾式停靠站 |
| 2 | 3,4 | 设港湾式停靠站 |
| 3 | 3,4 | 路段交通负荷较大时设港湾式停靠站,较小时可不设港湾式停靠站 |
| 3 | 5,6 | 设港湾式停靠站 |
| 4 | — | 不设港湾式停靠站 |

**4. 港湾式公交停靠站设置方法**

(1)对机非混行道路或机动车专用道路,局部压缩人行道设置港湾式公交停靠站,如图5-53所示。

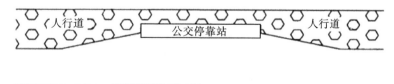

图5-53 沿人行道设置的港湾式停靠站

(2)机非混行道路,利用人行道多余宽度在机动车道与非机动车道间设置港湾式公交停靠站,如图5-54所示。

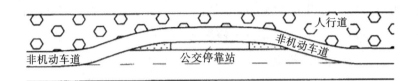

图 5-54 在机动车道与非机动车道间设置的港湾式停靠站

(3)沿机非分隔带设置公交停靠站,在分隔带宽度大于 4 m 时,港湾式停靠站设置方法如图 5-55 所示;在分隔带宽度小于 4 m 而人行道有多余宽度时,港湾式停靠站设置方法如图 5-56 所示。

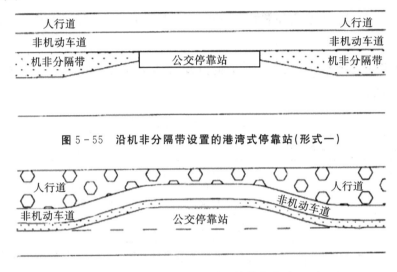

图 5-55 沿机非分隔带设置的港湾式停靠站(形式一)

图 5-56 沿机非分隔带设置的港湾式停靠站(形式二)

当人行道或者机非分隔带宽度不足,而机动车道宽度又较大时,可以通过适当压缩机动车道、偏移道路中心线来设置外凸式港湾停靠站,如图 5-57 所示。

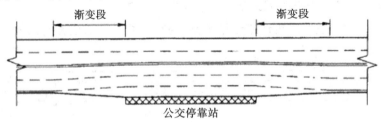

图 5-57 外凸式港湾停靠站

**5. 非港湾式公交停靠站设置方法**

非港湾式公交停靠站为占道式的停靠站,即占用最外侧机动车道或机非混行车道,其设置方法比较简单,在此仅给出三块板道路上公交车进出辅道进行停靠的站点设置方法,如图 5-58 所示。为减少公交进出对主线车辆交通的干扰,进口与出口之间的距离不宜太短,并且应对进、出口进行导流设计;如果前后路口间距较小,可以让公交车利用路口进出。

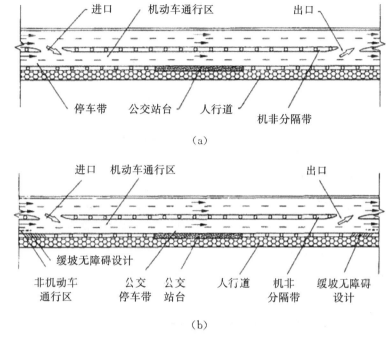

图 5-58 三块板道路上公交车进出辅道进行停靠的设置方法

此时,首先考虑让自行车上人行道行驶,将分隔带外侧的非机动车道改为机动车专用,并尽量设置双车道——其中一条用来供机动车通行,另一条作停车带用,供公交车、出租车及社会车辆临时停靠,如图 5-58(a)所示;当然,也有将外侧车道作为公交专用道的做法,在此不予论述。

如果保持分隔带外侧为机非混行,则应在进出口附近做缓坡无障碍设计,以便于自行车在停靠站附近上人行道行驶,如图 5-58(b)所示。

**(三)公交站候车厅设计**

公交站候车厅的设计以增加乘客的候车舒适性和上下车便利性以及减少对人行道通行能力的影响为优化目标。

**1. 位置设定**

候车厅通常设在公交站台处,但当公交站设在机非分隔带上且分隔带宽度只有 1 m 左右时,宜将候车厅设在公交站台对应的人行道边缘上。

**2. 顶棚设计**

候车厅处宜设置顶棚,以为乘客遮阳挡雨。当候车厅设在人行道上时,顶棚宜采用悬臂式,如图 5-59 所示,以减少对人行道通行能力的影响。

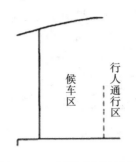

图 5-59 悬臂式顶盖示例

**(四) 新型公交站牌的设置**

新型公交站应考虑站牌接收调度指挥中心以无线广播方式传送的公交车辆位置和预计到站时间等信息,并以 LED 方式在站牌上直观地显示整条线路所有车辆的运行区间状况,使人们等车变得灵活而方便。

为了提供上述信息,可将公交停靠站的站牌设计成箱体形式,如图 5-60 所示。箱体的四个侧面设计如下:

①面向车道侧:用大字标题醒目地标出本站站名及下站站名,让乘客在车上能看清站名;

②面向人行道侧:各条线路的到站信息,前后站的站名;各条线路之间的换乘关系;

③左侧:各条线路到达本站的时间表;从本站出发到达主要节点的大概行程时间;

④右侧:公交网络图。在箱体的顶部可以设置统一的城市公交标志,以便于乘客寻找公交站点。在箱体的内部可以放置灯具,加强夜间照明。在不影响提供公共交通信息的前提下,可以在适当的地方放置商业广告或公益广告,或者利用箱体的某些地方作为交通宣传栏。

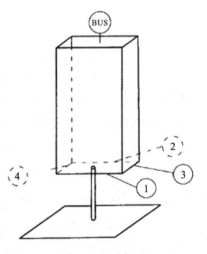

图 5-60 新型公交停车站站牌示意图

**(五) 公交停靠站秩序管理**

公交停靠站附近,往往是行人过街及自行车穿越、停车换乘互为影响的地段,因此有必要综合改善其交通秩序,以提高站点通行能力。本小节对自行车交通和出租车上下乘客对公交停靠站的干扰问题提出了相应的解决办法。

**1. 自行车交通在停靠站处的处理**

停靠站设置在人行道上时,经常会出现公交车进站时与非机动车道上的自行车发生交织,并最终封堵住自行车通道,导致与公交车交织的自行车不得不掉头回推或在夹缝中通行。

工程量较小的解决办法是,在停靠站前、后的人行道边缘进行无障碍设计,并设立交通标志引导自行车上下人行道。另外一种效果较好的解决办法是,在站台后占用人行道,拓出一条较窄的非机动车道,但工程量稍大,且受用地条件限制。

**2. 出租车上下客在停靠站附近的处理**

高峰期间,公交停靠站附近如有较多出租车随意上下客时,公交车辆的通行及靠站权易被侵占,会导致公交停靠站秩序混乱,严重影响公交的运行和线路畅通。

在有较大型的公共服务设施,或有较大型的人流集散点的路段,应在这些集散点附近设立出租车站定点上下乘客,出租车定点停靠站应设在公交停靠站的上游,距公交停靠站至少50 m处。公交中途停靠站前后50 m范围内严禁出租车上下客。

## 二、公共汽车专用道(路)设计

公共汽车专用道是指在较宽的车道上,用交通标线或硬质分离的方法划出一条车道作为公共汽车专用通道,在特定的时段内,供公共汽车行驶而不允许其他车辆通行。

公共汽车载客量大,人均占用道路面积较小,采用公共汽车专用车道的办法可在空间上为公共汽车提供足够的优先权,提高公共汽车的运行效率和服务质量,以达到减少城市交通量的目的,从而使整个城市的交通服务质量得到改善,带来较大的社会效益。

### (一) 公共汽车专用道的设置条件

公共汽车专用道的设置条件如下:

①道路单向机动车道至少有2条;

②公共汽车流量大于100辆/小时;

③公共汽车专用道的设置不致严重影响其他车辆。

### (二) 公共汽车专用道的设置位置

公共汽车专用道的设置位置一般宜选择最外侧机动车道作为公共汽车专用道,主要是便于乘客上下。但其问题在于,交叉口处存在着直行公交车与右转社会车辆的冲突,难于处理。

另一种方法是,将公共汽车专用道设在道路内侧,并需要利用中央分隔带设置港湾式公交停靠站。

### (三) 公共汽车专用道的宽度

(1)在路段上,公共汽车专用道的宽度与一般车道宽度基本一致。

(2)当公共汽车专用道延伸到交叉口进口道停车线时,其宽度可根据需求适当压缩,但不得小于3.0 m。

### (四) 公共汽车专用道的隔离

**1. 用交通标线分离**

用交通标线分离即采用"实线+虚线"的车道划线形式,表示不允许除公共汽车之外的其他社会车辆使用,但允许公共汽车随时驶离专用道。

**2. 硬质分离**

鉴于我国城市交通秩序的现实,采用硬质分离时,可在道路上使用侧石、道钉、栅栏的方法进行隔离;还可利用公交车底盘比小汽车高的特点,在专用道进口处设置障碍,阻止小汽车驶入。

**(五) 公共汽车专用道的视认性**

目前我国已设置的公共汽车专用道上,仅用"公交专用"几个字样来作为标志。为增强公共汽车专用道的视认性,可以把公共汽车专用道路面用规定的某种颜色划出,与一般车道形成反差,以利于驾驶员辨认。例如,很多城市采用黄色来表示公共汽车专用道,十分醒目。

此外,在车辆进入公共汽车专用道之前,应给予足够的提示,例如通过交通标志牌和地面车道标线来实现。

(1)在上游各进口道处设立提示标志牌。标志牌上应明确注明公共汽车专用道的起始位置、使用权、使用时间,并用图形方式把道路断面上车道功能的划分情况清晰地表示出来。

(2)在路口处,如果公共汽车专用道延伸到停车线处,应在停车线前标出"公交专用"字样;如果进行车道变位,应采用地面彩色标线对公交车的行车轨迹进行诱导,如图5-61所示。

图 5-61 地面彩线的设置

**(六) 公共汽车专用道在交叉口进出口道处的处理**

**1. 在进口道处的处理**

公交专用道在交叉口进口道处的设置有如下5种方法。

(1)设置在次右侧进口车道。当右转交通量较大,并且路段长度足以使右转车辆与公交车交织变车道时,可以在交叉口进口道区域进行车道变位,即将公交专用道向道路内侧偏移一个车道,为右转车让出一个车道,如图5-62所示。

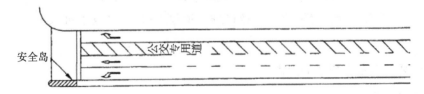

图 5-62 设置在右转专用道左侧的公交专用进口

(2)设置锯齿形进口道。为了充分体现公交专用道给公交车辆带来的优越性,可把交叉口进口道设置成锯齿形(分为全部锯齿形和部分锯齿形),即为公交车辆配备多个进口道。这意味着必须在交叉口进口道的通行区域内设置两条停车线,其他社会车辆在红灯期间只能停在后一条停车线上,如图5-63所示。

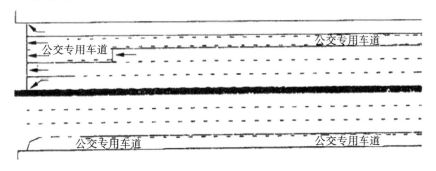

图5-63　锯齿形进口道

锯齿形进口道所占用的车道数应由红灯期间到达的公交车辆数决定(即保证这些公交车辆在绿灯启亮后,不经过两次停车,就能全部通过交叉口),其他各车道到达的社会车辆数(排队车辆的停车次数不应过多),以及路段长度所决定(路段长度不应小于红灯期间车辆的排队长度,否则会影响上一个交叉口车辆的正常通行)。

(3)设置在右侧的公交车进口车道。当无右转机动车交通流,或另设右转专用车道时,公交专用道可直接延伸至停车线。

当公交专用道设置在外侧,且相邻交叉口间距无法满足右转车辆与公交车交织段长度要求时,可按图5-64所示的方法设置公交专用道和右转专用车道。由于公交专用进口道为直行,与道路中央的右转进口道有冲突,需设置一专用右转相位,有时甚至要设置车道信号灯,以消除公交车辆直行与社会车辆右转之间的冲突;信号控制较为复杂,需解决右转车辆与过街人流和相交道路非机动车的冲突。

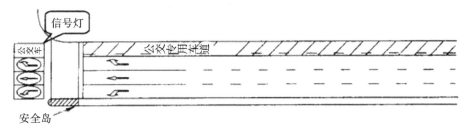

图5-64　设置在路测的公交专用进口道

(4)设置回授线。当右转机动车流流量不大时,公交专用道设置至进口道右转车道末端,其中交织段长度宜大于40 m,如图5-65所示。若右转车受信号控制时,进口道右转车道的长度应不小于右转车的最大排队长度与交织段长度之和。在没有流量资料的情况下,进口道右转车道的长度应大于50 m。

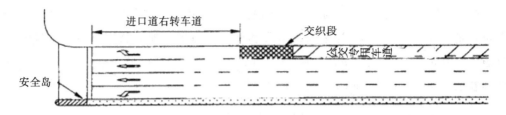

图 5-65　公交专用道与右转车道结合

(5)设置在内侧进口车道。当公交专用道设置在道路内侧时,可在进口道设公交站点,如图 5-66 所示。

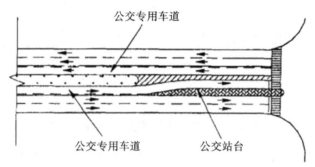

图 5-66　与内侧公交专用道配合的公交站点

**2. 出口道处的处理**

出口道公交专用道的起点离开对向进口道停车线延长线的距离 $L$,应大于相交道路进口道驶入的右转车辆变换车道所需的距离,一般可取 30~50 m;交织段长度宜取 40 m,如图 5-67 所示。

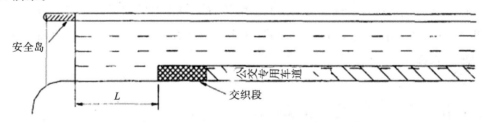

图 5-67　设置在路侧的公交专用出口道

**(七)专用道使用时段和使用权的确定**

**1. 公交专用道的使用时段**

应根据实际的乘客需求特征和对社会车辆的最小影响,确定最佳公交专用道的使用时段。该使用时段可以全天使用,或者客流高峰期间使用。

一般,公共汽车在客流高峰时段内通常可以发挥其特有的作用——载运量大,道路利用率高;而在其他时间内公共汽车专用道的设置未必会有这么大的效果,反而会出现专用道上车辆稀少,其他车道上车辆排队、拥挤不堪等现象。

**2. 公交专用道的使用权**

公交专用道并不意味着该车道只能由公交车辆来使用,除此之外,它还可以供紧急车辆停靠时使用,也可以为单位自备车辆(如接送职工的班车)和消防、医疗、救险车辆提供优先服务。

**(八)公交优先信号控制策略**

在公交专用道使用时段内,可以通过优先信号控制,提供公交专用道交通流在交叉口的优先通行权。有如下几种控制策略:

第一种是感应式公交优先信号控制。通过在公交车辆进口道埋设感应线圈,实现公交车辆与信号机之间的通信,根据实际交通情况在公交车辆到达时延长绿灯信号或缩短红灯信号。感应式公交优先信号控制对硬件的要求较高,但可实现交通效益的最优化。

第二种是为公交车辆设置专用信号灯。这种专用信号灯一般为方形,以便明显区别于一般信号灯。在公交车辆专用车道上检测到有公交车辆到达时,专用信号灯即显示绿色,公交车辆进入交叉口后,一般信号灯才放行,以保证公交车辆优先通过交叉口,不受其他车辆的干扰。

另外,也可根据公交车的流量,通过配时计算得出固定的绿灯时长。此值应大于非公交专用道使用时段内的绿灯时长。此种方法具有较好的可操作性,对硬件的要求较低,但易造成交通效益的损失。

# 第五节 交叉口协调设计

交叉口协调是通过调节各交叉口的交通流量和通行能力来实现的,其主要参考指标为交叉口饱和度。单点交叉口设计对相邻交叉口之间的协调问题考虑不足,往往会产生相邻交叉口饱和度差异过大的情况,从而造成道路资源的浪费,或交通阻塞。

## 一、基本方法

交叉口协调设计可以从信号控制设计和道路几何设计两方面入手。在信号控制协调设计的基础上,考虑道路几何条件和沿线交通集散点的分布情况,对道路两侧单位开口、公交停靠站位置、路边停车设计、路面渠划设计以及交通组织等进行调整,藉以调节各交叉口的通行能力和通过各交叉口的交通流量,从而达到平衡交叉口饱和度的目的。

## 二、近距离交叉口展宽后交通协调设计

当两交叉口距离较近且又都需要偏移中心线、进行拓宽进口道的设计时,两交叉口的展

宽渐变段或展宽段可能会相互重叠,或者在短距离内出现"二次落差"的情形,如图 5-68(a) 所示。此时,应将两交叉口放在一起做协调设计,有需求时可在渐变段中央位置设置行人过街横道,如图 5-68(b)所示。

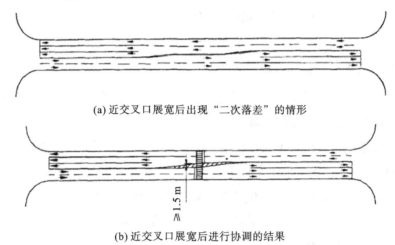

(a) 近交叉口展宽后出现"二次落差"的情形

(b) 近交叉口展宽后进行协调的结果

图 5-68 近交叉口展宽后进行协调设计前、后比较

### 三、近距离交叉口左右车道置换设计

当两交叉口距离很近,又有大量的车辆经由像图 5-69 中路线①和路线②通过时,由于两交叉口距离很近,这两股车流在路段上难以完成交织,此时可以将相应进口道处左右车道进行置换,同时对左、直、右三股车流进行信号协调控制。要注意的是,这种车道布局有悖常规,一定要提前给出提示标志。

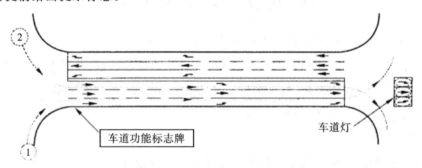

图 5-69 近交叉口左右车道置换

## 第六节 平面道路交通与景观的协调设计

道路景观是指道路使用者在道路上以一定速度通行时,视野中的道路及环境四维空间

形象,同时,它也包含路外人视觉中对道路及其环境配合的宏观印象。道路景观设计的任务主要包括:

(1)要有优美的道路空间线形,平、纵线形要有良好的配合,线形平顺流畅,利于行车的安全和舒适;

(2)路线要有良好的视线诱导,对路线的变化要有可预知性,以保证行车安全;

(3)道路及路边所有建筑物及周围环境应有良好的配合,以形成优美的道路视觉环境;

(4)科学合理的道路绿化,可突出道路形象,改善沿线景观。

## 一、建筑美学上的要求

影响道路景观构成的主要因素是道路性质与用路者的视觉特性。由于这些性质、特性不同,对景观设计、建筑尺度也会有不同的要求。

例如,道路交通量的大小影响道路尺寸。对道路系统来讲,交通量增加,则它所包含的交叉口应减少,即交叉口间距要加大,路段长度要增加;对路段来讲,交通量增加,则道路宽度应增加,道路空间一切环境因素的尺度也应随着道路尺度的加大而加大。另外,建筑后退红线宜统一,以保持道路空间界面的连续性。

现代城市道路景观设计的概念中,车速一般以 40~60 km/h 作为界限,在此之上,街景要考虑车速影响,反之车速则不成为环境控制因素。换而言之,也就是将城市快速路、主干路作为线形景观设计的对象;而商业街、居住区道路仍可根据一般街道美学概念处理环境及景观问题。

关于城市快速路与主干路景观问题可归纳为以下两个重点问题:

(1)线形设计要突破以往以交叉口作为节点的折线连接手法,要将道路自身作为几何线形设计的对象;

(2)道路两侧建筑也要有变化,宜高低有错,这样可以从天际看清楚建筑物的轮廓线,这种高低变化和必要的绿地配合形成一种虚实变化,会使环境充满时代气息。

## 二、道路绿化设计

为了美化街道,同时在盛夏可以为行人遮阳,应进行道路绿化设计。该设计包括人行道绿化、分车带绿化、基础绿带、防护绿带以及广场、停车场绿化和街头休息绿化等形式。城市道路绿化宽度宜为道路红线宽度的 15%~30%,对游览性道路、滨河路及有特殊美化要求的道路可适当提高绿化比例。下面列出相关的一些设计原则。

(1)在距交通信号灯、标志牌及其他交通设施的停车视距范围内,不应有树木枝叶遮挡;同时,绿化不应遮挡路灯照明。

(2)分隔带与人行道上的行道树的枝叶不得侵入道路限界。弯道内侧及交叉口视距三角形范围内,不得种植高于最外侧机动车道路面标高 1.2 m 的树木;弯道外侧应加密种植以诱导视线;快速路的中央分隔带上不宜种植乔木;植树的分隔带最小宽度不宜小于 1.5 m。

(3)靠车行道的行道树应满足侧向宽度的要求,株距 4~10 m。树池宜采用方形,每边净宽不宜小于 1.5 m;采用矩形时,净宽与净长分别不宜小于 1.2 m、1.8 m。

(4)广场绿化应根据广场的性质、规模及功能进行设计。为结合交通导流设施,可采用封闭式种植。对于休憩绿地可采用开敞式种植,并可相应布置建筑小品、座椅、水池和林荫小道;对于交通广场,绿化必须服从交通组织的要求,不得妨碍驾驶员的视线,可用矮生常绿植物点缀交通岛。

(5)停车场绿化应有利于汽车集散、人车分隔、保障安全、不影响夜间照明。风景区停车场,应充分利用原有自然树木为车辆遮阳,因地制宜布置车位。

(6)改造旧路时,应注意保护现有绿化,尤其是现有树木。

## 第七节 城市道路交通枢纽(站前广场)交通设计

### 一、站前广场的分类与功能

根据站前广场与衔接道路的交汇形式,可将站前广场分为直交、平交、斜交、复合 4 种类型,每种类型的交通特征分析列于表 5-14。

表 5-14 各类型广场交通特征分析

| 类型 | 示意图 | 交通特征 | | |
|---|---|---|---|---|
| | | 机动车 | 行人 | 其他 |
| 直交 | | 机动车易发生拥挤,公共交通服务水平低 | 行人横穿广场容易 | |
| | | 机动车进出比 I 型方便 | 横穿广场的行人较少,行人行进路线偏向一侧 | 基础设施规划设计简单 |
| | | 机动车交通处理容易,特别是公共交通处理简单 | 行人与机动车的行驶路线易分离,与中央岛的联系不便 | 中央岛孤立 |
| | | 高架轨道较小的站前广场多用此形式,若不是高架轨道,在路口易发生阻塞 | 行人与机动车的行驶路线易分离 | 基础设施规划设计简单 |

续表

| 类型 | 示意图 | 交通特征 | | |
|---|---|---|---|---|
| | | 机动车 | 行人 | 其他 |
| 平交 | 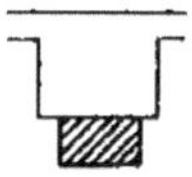 | 途经交通过多时,对站前道路宽度有一定的要求,广场内交通易组织 | 规模较大的车站,广场宽度不宜过宽 | |
| | 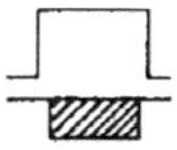 | 车站与广场联络不便,所有车辆通过广场,所有行人都要横穿广场,有必要设置安全的行人通道 | 行人安全性低 | |
| 斜交 | 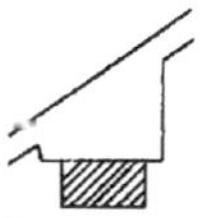 | 机动车交通易处理 | 行人和机动车分离容易 | 广场内部设施配置较困难 |
| 复合 | 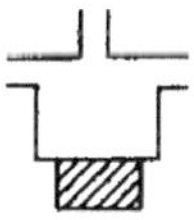 | 车站周围交通集中,途经车辆混入,广场出入口交通组织复杂 | 行人利用广场不便,安全性低 | |

站前广场内部设施配置布局形式可分为垂直型、平等型、突出型和 T 型 4 种类型,每种形式的优缺点及其适用性分析列于表 5-15。

表 5-15 站前广场内部设施配置布局形式

| 名称 | 平面图 | 广场的纵横比 | 优点 | 缺点 | 适用情况 |
|---|---|---|---|---|---|
| 垂直型 | 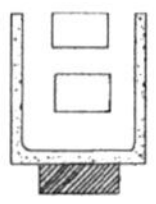 | 广场形式为直交时,应纵向长一些;广场形式为平交时,应横向长一些 | 机动车易掉头,广场内部土地等设施利用充分,将来的改建余地大 | 所有的机动车通过站前广场,当公交车站设于广场外时,人车冲突严重 | 将来可能发展为大站的小站 |
| 平行型 | 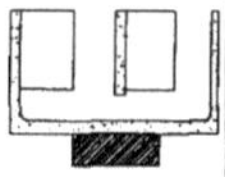 | 纵向长一些 | 机动车处理顺畅,可有效地利用广场面积,机动车交易管理,通过站前的车辆都是到车站来的 | 自行车横穿广场困难,公交车站和广场联络很困难,广场横穿道路与停车场交叉 | 适合广场内交通量较小的车站 |

续表

| 名称 | 平面图 | 广场的纵横比 | 优点 | 缺点 | 适用情况 |
|---|---|---|---|---|---|
| 突出型 | 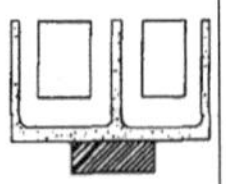  | 横向长一些 | 行人不需绕行,人、车行驶安全分离,车种可明确区分,机动车在站前无冲突 | 两个分区缺乏连贯性,通行区域的有效利用不经济 | 适于中、大型车站,不适于小型车站 |
| T型 | 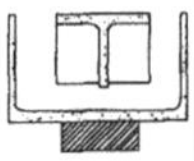  | 广场形式为直交时,应纵向长一些,广场形式为平交时,应横向长一些 | 机动车易掉头,行人不需绕行车种可明确区分 | 行人与车辆行驶路线有冲突的地方,危险性大,行人易斜穿广场 | 适于广场形式是复合型和平行型的,并且机动车交通量小的车站 |

## 二、站前广场的设计要点

站前广场的主要设施有人行道、机动车道、公交停靠站、出租车上下乘客点、社会车辆停车场、广场、景观及立体设施等。下面对部分设施的设计进行简要说明。

### (一) 人行道

站前广场的人行道与一般道路的人行道相比,其功能要多样化,包括通行空间,照明、信息板、埋设物、绿化盆栽的设置空间,以及景观设置的空间等。人行道的设计应遵循行人与车辆行驶路线彻底分离、人行道内行人通行区域与其他功能空间分离的原则。设计时必须注意以下事项:

①行走路线的便捷性;
②以人为本的设施设计;
③交通混杂时确保足够的通行空间;
④等待空间的设计。

### (二) 公交停靠站

公交停靠站应设置在乘客最方便与车站联系的位置,因此公交停靠站应设置在出站口最近的位置。

### (三) 出租车上下乘客点

由于出租车为小运量公共交通,出租车上下乘客点的位置应设在公共交通停靠站附近较方便的位置。

## (四)社会车辆停车场

社会车辆一般运量较小,而且在广场的停车时间比公交车和出租车要长,故其停车位置不应影响公交车和出租车的进出广场与停靠。

公交停靠站、出租车上下乘客点、社会车辆停车场的位置关系如图5-70所示。

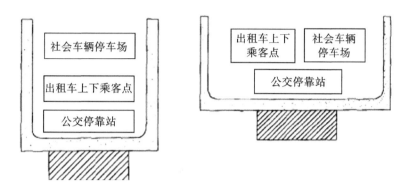

图5-70 各类停车区位置关系

# 第八节 渠化设施设计

渠化设施包括各类标志牌、地面标线以及隔离措施等。在此仅对交通岛和部分标志、标线的设计进行说明。

## 一、交通岛

交通岛不应设在竖曲线顶部。交通岛在施工前宜先用标线画出,实施一阶段后,先按实际车流行驶轨迹进行调整,再做成永久性的实体交通岛。交通岛面积不宜小于7.0 m²,面积窄小时,可采用路面标线表示。导流交通岛边缘的线型为直线与圆曲线的组合,其偏移距、内移距及端部圆曲线半径如图5-71所示,最小值可按表5-16取用。导流交通岛各部分的要素见图5-72,最小值可按表5-17取用。导流交通岛可兼作行人过街安全岛使用。交通岛端部应醒目明了,并在外形上能诱导车辆前进方向。楔形端部应做成圆形;行车道到楔形端部的内移距,应根据交通岛的大小和位置确定(参考《上海市城市道路平面交叉口规划与设计规程》)。

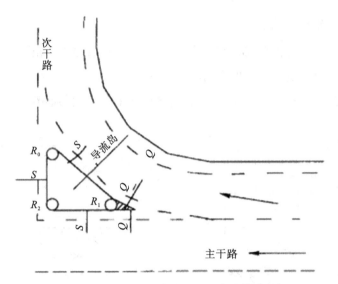

图 5-71 偏移距、内移距及端部曲线半径

表 5-16 导流岛偏移距、内移距、端部曲线半径最小值

| 设计行车速度/(km/h) | 偏移距 $S$/m | 内移距/m | $R_0$/m | $R_1$/m | $R_2$/m |
|---|---|---|---|---|---|
| ≥50 | 0.50 | 0.75 | 0.5 | 0.5~1.0 | 0.5~1.5 |
| <50 | 0.25 | 0.50 | | | |

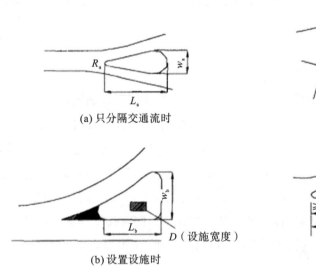

(a) 只分隔交通流时

(b) 设置设施时

(c) 兼作安全岛时

图 5-72 导流交通岛各部分要素

表 5-17 导流岛各要素的最小值

| 图示 | 图 5-73(a) | | | 图 5-73(b) | | 图 5-73(c) | | |
|---|---|---|---|---|---|---|---|---|
| 要素 | $w_a$ | $L_a$ | $R_a$ | $w_b$ | $L_b$ | $w_c$ | $L_c$ | $R_c$ |
| 最小值/m | 2.0 | 5.0 | 1.0 | (D+3) | 5.0 | 3.0 | (c+3) | 1.0 |

## 二、标志、标线

### (一)交叉口渐变段标线

当进口道横断面中心线偏移时,应采用"过渡区"标线加以渠化,如图 5-73 所示(引自《上海市城市道路平面交叉口规划与设计规程》)。

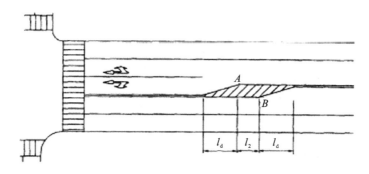

**图 5-73　进口道中心线偏移时的"过渡区"标线**

如图 5-73 所示,可按照拓宽条件及道路空间条件确定左右转车道的渐变段长度,该长度不应小于 2 m。

当进口道向右侧展宽而左转车道从直行车道分出时,应采用"鱼肚"形标线加以渠化,如图 5-74 所示。

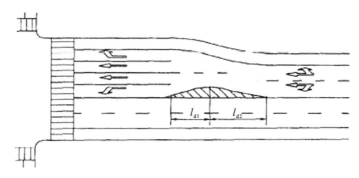

**图 5-74　进口道中心线偏移时的"鱼肚"形标线**

图 5-74 中的标线长度可仿照拓宽条件下确定左、右转车道的渐变段长度的方法确定。

有交通信号管制或停车让路标志的平面交叉口进口道处必须设置停车线。设计停车线时,要充分考虑如下要求:

(1)停车线宜垂直于车道中心线设置。

(2)有人行横道时,宜在其后 1~2 m 处设置;对畸形交叉口,或有特殊需要时,停车线应后退更大的距离。

(3)停车线位置不应对与之相交道路流入的交通流构成影响。当相交道路有左转专用车道,且相交道路流入的左转交通流的转弯半径较小时,其停车线位置可以较同一进口道的直行车道的停车线后退 2~3 m。

对于平面交叉口内部,应选取左转交通流与对向直行交通流影响最小的轨迹划出左转弯导行标线;对于交叉口范围较大,且进口道中心线有偏移时,应根据直行车的行驶轨迹设置导行轨迹线;对于交叉口内部,具有可停放左转车而不影响对向直行车的空间时,在左转专用车道前方标明"左转弯待转区"。

### (二) 进出口车道划分标线

不同行驶方向的车辆应分线行驶,设置原则为:
(1)当交叉路口进口道为多车道时,根据交通流向,每条车道应标有明确的箭头标线;
(2)箭头标线的位置按相关规程设计;
(3)对于左转车流量随时间波动较大时,可对应其时变性,用超前提示的可变信息板,动态地显示车道功能,取代地面的车道功能标线。

### (三) 行人过街横道标志、标线

在下述场合,需要预告前方有行人过街横道,且在人行横道前须设置提示标示:
(1)未设交通信号的平面交叉路口;
(2)虽设信号灯的平面交叉路口,但道路视线条件不好的场合;
(3)多车道时,每条车道上都应设置行人横道提示标示。

### (四) 优先道路预告标志

在有停车、让路标志管制,或有优先区分的平面交叉口,应在进入交叉口前设置"优先道路预告"标示。

### (五) 减速交通标志、标线

在车速过快,容易引发交通事故的地点,应采取特殊的措施进行防范:如在右转车转弯半径较大的交叉口,为防止右转车高速直接汇入主线车流产生冲突,可以设置隔离桩,使得右转车逐步汇入,如图 5-75(a)所示;在人流量大,事故多发的路段,可以采取视觉障碍的方法,使得机动车减速,如图 5-75(b)所示。

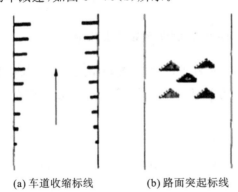

说明:
(a)图为车道收缩标线,视觉上可使驾驶员认为车道变窄,进而降低车速。
(b)图为路面突起标线,视觉上可使驾驶员认为车道前方存在障碍物,进而降低车速。

(a) 车道收缩标线    (b) 路面突起标线

**图 5-75 设置视觉障碍降速**

# 第六章 城市道路交通网络数据模型

由交通分配算法到计算机程序编码的过程依赖于交通网络的数据模型。算法效率的高低在一定程度上取决于数据模型的优劣,因此探讨适合交通管理下交通分配算法的网络数据模型是本章的主题。

首先,将提出一个面向城市交通需求预测的基于地理信息系统(Geographic Information System,简称 GIS)的交通网络数据模型框架,在此框架内对模型的具体内容包括数据库表的结构、网络拓扑结构的表示法等作进一步的探讨,并给出一个模型实例。随后,针对交通规划中路网方案动态调整的特点,对该模型进行拓展,从而得到适合动态路网的数据模型。最后,将跳出交通需求分析的范围,概述 GIS-T(Geographic Information System for Transportation)数据模型在交通各领域特别是智能交通系统(Intelligent Traffic System,简称 ITS)应用中的难点问题及其发展动态。

## 第一节 概 述

所谓数据模型就是指一组实体和实体之间的关系,这些实体和关系被用于创建真实现象的表示形式(如 Goodchild,1998),而网络数据模型是真实世界中的网络系统(如交通网络、通信网络、煤气管网等)的抽象表示。网络是由若干线性实体互联而成的一个系统,资源经由网络传输,实体之间的联络也经由网络达成。构成网络的最基本元素是上述线性实体以及这些实体的连接交汇点,前者通常被称为网线或弧(在道路交通网络中通常被称为路段),后者一般称为节点。

抽象的网络是线性的,基本的网络要素只有两种——零维的节点和一维的路段,这很容易用有向图的"节点—路段"结构加以描述。而实际的城市交通网络却是非线性的,基本的网络要素有 5 种:①零维的节点;②一维的路段;③一维的转向;④一维的 OD 对;⑤二维的交通区。这大大增加了交通网络数据建模的难度。

现有的交通分配研究侧重于模型和算法,相比之下,与算法实现密不可分的交通网络的数据模型并没有得到应有的重视。在现有公开文献中,交通网络一般被抽象为有向图,然后在此基础上对交通分配进行建模并求解。但是,交通网络的有向图只是对网络拓扑结构(Topological Structure,即网络要素之间的空间关系)的描述,这仅仅是网络数据模型中的一部分。即便如此,由于交通网络是带转向的网络,普通的有向图也无法对其进行完全地描述,尚有待补充研究;而实际的交通网络还包含大量的空间数据(Spatial Data,即表达实体几何属性的数据)和属性数据(Attribute Data,即表达实体非几何属性的数据),这些数据如何组织、存储,如何与网络拓扑有机地联系起来,是一个需要认真考虑却被普遍忽视的问题。

但是，交通网络中的数据无论其格式、来源和内涵都极其丰富，即使只是从交通需求预测（包括交通分配阶段）的角度入手，交通网络数据的规模和复杂度使得有效组织这些数据存在不小的难度。另一方面，随着数据库技术、地理信息系统技术的发展，对交通网络数据进行有效的组织、存储、操作、显示和分析成为可能。因此，讨论基于GIS的城市道路交通网络的数据模型是有现实意义和实用价值的。

从严格意义上讲，城市道路网络由街道和交叉口构成，属于有形的物理结构，从图论的角度看，道路网络本身只是个无向图，街道只是起着连接交叉路口的作用，并没有规定街道的方向。当在道路网络上规定了车流的行驶方向或各种行驶限制等交通规则后，才形成交通网络。因此，交通网络不同于道路网络，它是有方向、有流向规则的。文中所指的交通网络指道路交通网络，包括一般的机动车、非机动车通行的交通网络，而不包括公交线网等其他方式的交通网络。但在不引起混淆或者上下文明确的情况下，一般不严格区分交通网络、道路交通网络、道路网络和路网这些概念。

本章研究的城市道路交通网络的数据模型是面向城市交通需求预测的，特别适用于交通管理下的交通分配过程。

## 第二节 基于GIS的交通网络数据模型框架

### 一、引入GIS技术的必要性

GIS是在计算机软硬件支持下，以采集、存储、管理、检索、分析和描述空间物体的定位分布及与之相关的属性数据，并回答用户问题等为主要任务的计算机系统。交通网络具有很强的空间特征，而GIS技术所具备的强大的空间数据操作、管理与分析功能使之与交通网络分析的结合成为必然。由于交通本身所具有的动态性、复杂性，使得GIS技术在交通领域的应用与其他领域相比具有很大的差异，这也使得交通地理信息系统被强化为一个专用名词。一般认为，GIS-T是在传统的GIS基础上，加入几何空间网络概念及线的叠置和动态分段等技术，并配以专门的交通建模手段而组成的专业信息系统。

作为缓解现代城市交通问题的有效技术手段，GIS-T不但可以存储、管理和更新城市交通网络的空间数据库，辅助城市交通规划和管理，而且更重要的是，它通过与全球定位系统（Global Positioning System，简称GPS）技术、无线通信、互联网等高新技术的有机结合，在GIS的数据操作及空间分析技术的辅助下，可以建立广泛的实时数字交通信息用户服务体系，实现全数字化交通信息的实时发布、存储与检索，为城市交通管理、车辆的人工及智能导航、客货运输调度及居民出行等提供有效的技术支持。

一方面，GIS在矢量地图编辑、数据管理、空间分析、专题地图制作等方面具有强大的功能；另一方面，城市交通需求预测（包括交通分配）中的数据、模型和应用特点也对GIS平台有强烈需求，这表现为以下几个主要方面。

**(一) 对多样性的数据进行有效管理**

城市交通需求预测中的数据相当广泛而且通常具有多种格式,这主要包括交通小区的社会经济数据、出行生成预测数据,各种方式的 OD 矩阵,交通网络的拓扑数据、空间数据和属性数据,甚至非集计的家庭和居民出行调查数据。交通需求预测滚动进行的特点决定了这些数据也是不断变化发展的,需要在保证数据的完整性和一致性的前提下得到及时的更新和调整。文件存储模式乃至普通的数据库都无法很好地胜任如此多样的数据的组织和管理。

**(二) 特定的空间分析功能要求**

城市交通需求预测中通常需要一些特定的空间分析功能。例如,交通管理下的交通分配需要详细分析交叉口的转向及其延误。对于交叉口一个进口道处的各个转向,需要分别确定哪个是左转、哪个是直行、哪个是右转,对于交叉口的所有可能转向,又需要识别出哪些转向是冲突的。根据交叉口示意图对各个转向的属性在单个交叉口进行人工分析时应是一目了然的,然而就一个城市的交通网络而言,转向识别工作必须由计算机自动完成(不能完全排除手动干预,但需要最小化这种干预)。这种工作除了网络的拓扑结构之外还依赖于网络的几何属性。具体地讲,就是需根据组成交叉口的各个进口道的空间位置进行交叉口转向识别,而空间分析功能恰恰就是 GIS 的特长。

**(三) 友好的用户操作界面**

交通需求预测所借助的计算机辅助软件需要提供友好的图形用户界面(Graphical User Interface,简称 GUI)以方便缺乏技术背景的一般用户使用。例如,交通网络的建立是利用计算机辅助手段进行交通分配的基础,这往往是交通规划和交通管理中最费时的一个环节。这个环节就要求有一个可视化的交互式交通网络编辑平台,使得对于交通网络的编辑、交通分析结果的展现有"所见即所得"的效果,从而避免输入错误,提高工作效率。

**(四) 直观的交通专题地图的输出**

交通需求分析的结果如果能够制作成各种直观的交通专题地图并在屏幕、图纸上输出,这将有助于进行科学决策。例如,由交通分配得到的路段和交叉口的流量及饱和度的网络分布图,就可以观察出交通拥挤的瓶颈所在,从而进一步提出改进措施。

## 二、数据的分类、组织和表示

**(一) 基本网络要素的分类**

城市交通网络的基本网络要素可分为 5 种:节点、路段、转向、交通区和 OD 对。节点与路段之间存在关联关系,路段与转向之间也存在关联关系;而交通区通过形心节点与节点建立了关系,OD 对则通过起、讫交通区与交通区之间建立了关系。图 6-1 为一个简单的交通网络及其基本要素的示意图,图(a)中显示了节点、路段、转向及其关系,图(b)显示了交通区、OD 对及其关系。该交通网络在下文中将被多次引用,为方便起见称其为示例路网。

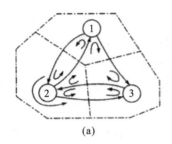 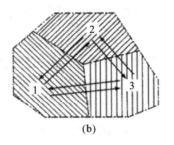

图 6-1 交通网络的基本要素示意图

**（二）数据分类**

城市交通需求分析中的交通网络数据按其是否表达空间关系和几何特征可分为拓扑数据、空间数据和属性数据。拓扑数据包括节点与路段之间的关系、路段与转向之间的关系等，是对要素之间的邻接、关联等关系的描述；空间数据包括节点坐标、路段的空间位置、交通区的面状结构等，这通常由 GIS 软件中的图形对象来描述；除前两者外的交通网络数据均为属性数据，包括节点的控制方式、路段等级、转向流量等。

另一方面，交通网络数据（拓扑数据除外）按其数据载体（即基本网络要素）可分为节点数据、路段数据、转向数据、交通区数据和 OD 数据等。

对于按基本网络要素划分的每一类数据，可以按第一种分类标准再细分为空间数据和属性数据。而拓扑数据一般是针对所有 5 类要素而言的，因为它描述了不同要素之间的拓扑关系。

**（三）数据组织和表示**

显然，根据网络基本要素划分得到的这 5 类数据应该存储在 5 种不同结构的数据库表中，但是各类中的空间数据和属性数据在 GIS 环境下又有不同的处理方式。

不同于一般的数据库管理系统（Database Management System，简称 DBMS），GIS 中的数据库一般称为空间数据库，因为它除了要存储普通的属性数据之外，还需要存储和管理特殊结构的空间数据。鉴于空间数据和属性数据的复杂性和记录方式不同，在一些 GIS 软件中对两者采用分离组织的方法存储，即用 GIS 数据库存储空间数据，用一般的 DBMS 存储属性数据，以增强整个系统数据处理的灵活性，尽可能减少不必要的时间和空间开销。但是空间数据和属性数据之间存在密切联系，是不可分割的综合体，因此在 GIS 数据库和 DBMS 数据库间还必须有双向联系的机制（一般采用数据库表的主键）。

交通网络的 5 种基本要素在空间上可以归结为点、线、面这 3 类图形对象，GIS 软件带有各种风格的符号、线条（包括直线、弧线或多义线）、多边形，足以表现这 3 类图形对象。其中，节点对应符号，路段对应线条，转向对应线条，交通区对应多边形，OD 对对应交通区之间的 OD 期望线（直线）。图形对象一般作为 GIS 表的一个字段，对其进行的操作类似于一般的属性字段（尽管内部的数据结构是相当复杂的）。一个包含图形字段的 GIS 表，在地图视图中显示为一个图层,5张对应不同要素的GIS表,则构成一个层次分明的完整的交通网络视图。但是,在通常的GIS支持的交通分析软件中,这5个图层或者说表现这5种要素的图形对象在显示时机和方式上也是不同的。代表节点和路段的图形对象以网络形式显示(尽管节点和路段并没有构成完整的交通网络,但却是一般网络的普遍形式),交通区对象和OD期望线是在制作相应的专题地图时出现,而代表转向的图形对象通常在单个交叉口分析时才显示。

交通网络的5种基本要素的属性数据可以保存在各自的DBMS表中(一般是关系数据库表)。也就是说,同类网络要素的空间数据保存在同一GIS表中,属性数据保存在同一DBMS表中,一个网络要素在GIS表中的字段与其在DBMS表中的字段构成一条完整的记录。

交通网络的拓扑数据既不保存在GIS数据库中,也不保存在DBMS数据库中,甚至可以不以文件的形式存在,因为拓扑数据可以通过对属性数据或者空间数据分析得到。但是,网络分析操作直接依赖于拓扑数据,操作的效率在很大程度上取决于拓扑数据的具体数据结构,因此一般在程序运行期间将拓扑数据以一定的数据结构保存在内存中。拓扑数据和空间数据、属性数据之间也必须保持双向联系。

### 三、模型框架

经上述分析,可得到比较合理的基于GIS的城市道路交通网络数据模型框架,如图6-2所示。图中的实线箭头表示不同类数据间的双向联系,空心箭头表示同类数据不同形式间的等价关系。

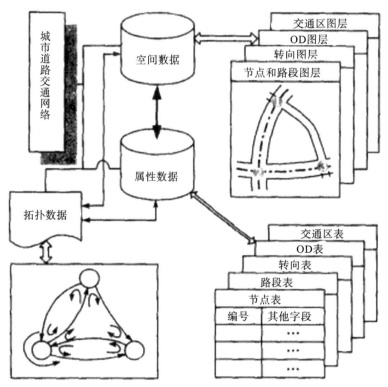

**图6-2 交通网络数据模型的框架**

该网络数据模型的优点如下。

(1)交通网络的拓扑数据、空间数据和属性数据3类不同性质的数据分别管理且相对独立,网络分析操作可在拓扑结构上进行,网络的图形显示和空间分析可在空间数据上进行,属性数据的管理则由DBMS实施,从而增强了整个系统数据处理的灵活性,避免了不必要的开销。同时,已有普通的交通网络数据库在此框架中可以方便地集成到GIS环境下,使得数据可视化。

(2)拓扑数据、空间数据和属性数据之间存在双向联系的机制,因此在逻辑上又是统一的整体,有利于不同类数据之间的交流。例如,在拓扑结构上进行网络分析操作,一旦涉及属性数据的存取和修改,就可以通过拓扑数据和属性数据之间的双向联系进行快速引用。

(3)可以充分发挥GIS、DBMS各自的优点,用户无需深入了解它们对于空间数据、属性数据管理的技术细节,就可把重点放到对拓扑数据的高效存储和管理上,因为这才是网络分析操作效率的关键。

在此模型框架基础上,我们将对模型的具体内容,包括数据库表的结构、网络拓扑结构的表示法等做进一步的探讨。

# 第三节　数据库表结构设计

## 一、E-R图描述

在数据库设计领域得到广泛应用的E-R图(Entity-relation Diagram)可以对交通网络的基本要素(实体)和要素之间的关系(联系)做出清晰的描述,如图6-3所示。E-R数据模型中,可以将人们识别的事、物、概念等抽象为实体并相互区别,实体与实体间的关系抽象为联系,实体和联系一般具有若干特征,称之为属性。由E-R图就可以转换为等价的数据库模式。

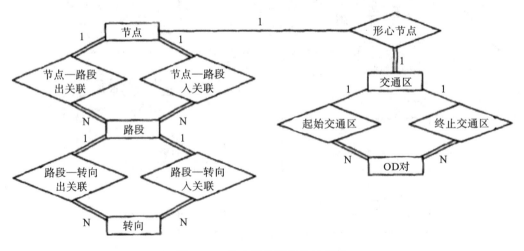

图6-3　基本网络要素的E-R图

## 二、表结构及主要字段

### (一) 表结构

根据图6-3及属性数据与空间数据分离的原则,可设计存储5种基本网络要素的数据库表,如表6-1所示。对于每种表,它实际上分为GIS表和DBMS表,2个子表(在空间数据和属性数据统一存储和管理的数据模型中这2个子表是合二为一的)。若2个子表中的ID字段相同且唯一标识了每个节点要素,GIS表和DBMS表之间就通过这个主键进行双向联系;DBMS表中的省略号表示其他的属性字段。

**表6-1 交通网络的数据库表结构**

| 数据库表 | 节点表 | | 路段表 | | 转向表 | | 交通区表 | | OD表 | |
|---|---|---|---|---|---|---|---|---|---|---|
| | 字段名 | 说明 | 字段名 | 说明 | 字段名 | 说明 | 字段名 | 说明 | 字段名 | 说明 |
| GIS表 | ID 图形 | 主键 符号 | ID 图形 | 逐渐 线条 | ID 图形 | 主键 线条 | ID 图形 | 关键字 多边形 | ID 图形 | 主键 直线 |
| DBMS表 | ID … | 主键 … | ID 起点 终点 … | 主键 外键 外键 … | ID 起始 路段 终止 路段 … | 主键 外键 外键 … | ID 图形 … | 主键 外键 … | ID 起始区 终止区 … | 主键 外键 外键 … |

需要指出,OD表的原始数据是矩阵形式的,在数据库表中已把矩阵形式转换为关系表的单列形式,因此OD表的一个属性字段可以对应一种方式的OD矩阵。

### (二) 主要字段

数据库表的主要字段取决于任务的需要,对于交通管理下的交通分配,需要的基础数据有交通网络的几何条件、交通管理措施和各种方式的OD矩阵等,得到的中间或者最终的分析数据有各种通行能力、流量和饱和度等。如果将任务的范围拓展到城市交通需求预测,那么还会有各种社会经济、土地利用、出行发生和吸引等数据,这些数据主要是关于交通区的。

交叉口和道路的坐标、走向等空间信息已蕴含在GIS表的图形字段中,因此以下内容主要考虑DBMS表中的字段。经分析这些字段大致如下。

(1) 节点表:名称、控制方式(信控、无控、主路优先、环形、立体等)、交叉口通行能力、分车种的整体延误(多个字段)、分车种的交通量(多个字段)、分车种的饱和度(多个字段)等。

(2) 路段表:名称、长度、道路横断面类型(一幅、二幅、三幅、四幅)、机动车道总宽、非机动车道总宽、机动车道数、车道构成(有无左转、右转专用车道)、道路等级(高架路、快速路、主干路、次干路、支路等)、对各车种是否禁行、路段通行能力、分车种的路段阻抗(多个字段)、分车种的交通量(多个字段)、分车种的饱和度(多个字段)等。

(3)转向表:对各车种是否禁行、转向通行能力、分车种的转向延误(多个字段)、分车种的交通量(多个字段)、分车种的饱和度(多个字段)等。

(4)交通区表:名称、人口、各类土地面积(多个字段)、发生量、吸引量等。

(5)OD 表:分车种的 OD 量(多个字段)。

**(三) 其他相关问题**

设置字段以及选择字段的具体数据类型时,需要在保证操作方便的前提下尽可能减少在计算机中的存储空间。

例如,整型数据在存储效率上一般优于字符串,因此对于一些命名性质的分类属性,最好将命名转换为对应的整型编码。在表中保存的只是编码,只有在必要时才将编码转为具体命名。例如,用整型编码 1 而非用字符串"快速路"来保存道路等级。

又如,路段表和转向表中只需一个整型字段就可以全面反映对各车种是否禁行的信息,具体做法如下:若有 8 个车种,对其中第 1、3、5 车种禁行,其他车种可通行,那么二进制数字 0010101(对应十进制整数 21),从低位到高位的 0—1 代码就显示出各数位所对应车种的禁行与否。一般的程序语言(如 C 语言)就支持整型数据的这种位操作,这样 8 个车种的禁行信息只需单字节长(8 位)的一个整数即可,其效率远强于用 8 个整型字段分别表示的情形。

## 三、路段方向性问题

**(一) 问题的提出**

在交通规划与管理中,往往需要同时处理单向的和双向的路段指标。例如交通分配必须按单向路段进行,分配结果表现为单向的路段交通量,但是最后的统计结果可能要求是双向的路段交通量。也就是说,交通网络在本质上是有向图,但交通分析的具体要求常常带有无向性。这就产生了所谓路段方向性问题,也就是单向路段和双向路段的表示形式、彼此关系以及相关的处理技术。

这里所指的单向路段与单向通行路段的概念不同。单向路段它指的是组成双向通行路段的两条上下行的路段,这两条单向路段不妨称之为成对的单向路段,合在一起组成双向路段。例如,示例路网的路段(1,2)和(2,1)是成对单向路段,组成了双向路段(1,2),而(1,3)是单向通行路段。单向路段揭示了交通网络的有向性,而双向路段则代表了物理意义上的路段。

路段方向性问题看似简单,也鲜有文献对此做过深入探讨,然而,这是交通分析软件需要解决的一个重点。其主要表现在对交通网络数据模型、单/双向路段数据转换和图形显示技术等方面提出了更高的要求。这里主要讨论路段方向性问题对数据建模的影响。

**(二) 成对单向路段的表示法**

通常,成对单向路段在路段表中有两种存储模式:分散模式和集中模式。著名的交通

GIS 软件 TransCAD 就是兼有两种模式,它对路段表(包括 GIS 图形对象)的处理按集中模式进行,而将路段表转化为网络文件(TransCAD 保存网络拓扑和数据的文件)时采用了分散模式;国内的交通分析软件交运之星(TranStar)目前还是采用分散模式。

在分散模式中,成对单向路段被表示为两个相互独立的记录,分散在路段表中。这两个记录有一些相同的属性(如长度等),也有不同的属性(如单向交通量等)。在集中模式中,成对单向路段被表示为单个记录,相同的属性存储在同一字段中,不同的属性存储在不同的字段中。

分散模式在实现上比较简单,但是增加了数据冗余度和数据维护的难度,同时给计算双向路段指标造成了一定的负担(需要在路段表中找到匹配成对的单向路段);而集中模式克服了分散模式的缺点,保持了成对单向路段在物理意义上的整体性,同时,若在路段表结构的设计上借助一定的技巧,在实现上便简单可行。

若赋予示例路网以一定的路段属性,例如长度、交通量,按成对单向路段的长度相等、交通量不等的原则设计数据,则分散模式、集中模式下的路段表分别如表 6-2、表 6-3 所示。

表 6-2 分散模式的路段表

| ID | 始点 | 终点 | 长度 | 交通量 |
|---|---|---|---|---|
| 1 | 1 | 2 | 12 | 120 |
| 2 | 1 | 3 | 13 | 130 |
| 3 | 2 | 1 | 12 | 210 |
| 4 | 2 | 3 | 23 | 230 |
| 5 | 3 | 2 | 23 | 320 |

表 6-3 集中模式的路段表

| ID | 始点 | 终点 | 长度 | 交通量 A | 交通量 B |
|---|---|---|---|---|---|
| 1 | 1 | 2 | 12 | 120 | 210 |
| 2 | 1 | 3 | 13 | 130 | — |
| 3 | 2 | 3 | 23 | 230 | 320 |

比较表 6-2、表 6-3 可以看出,集中模式的路段表的数据冗余度比分散模式的路段表要小,而且数据维护更为方便,针对大型的交通网络这种优势尤为明显。更重要的是,集中模式比分散模式的路段表提供了更加合理的单/双向数据处理机制。例如,要获取(2,1)的交通量,可以通过主键找到 ID＝1 的记录,由于 1—2 顺序刚好与 2—1 顺序相反,那么数据则取自此记录的"交通量 B"字段;相反,(1,2)的交通量则取自"交通量 A"字段。如果要获取双向路段(1,2)的交通量,则将"交通量 A"和"交通量 B"字段的数据简单相加,即为所求结果;而在分散模式的路段表中,这一步需要对 2 个不同的记录分别进行操作。另外,受限于表结构,分散模式的路段表无法保存完整的双向路段数据,需要另建一个与集中模式路段

表的记录数一致的数据表,从而会导致额外的数据表维护负担;而在集中模式的路段表中,只需要新建一个字段就能满足相同的要求。

集中模式的路段表将有向性和无向性巧妙地融合在一起,从而解决了交通网络不同于普通有向图的特殊性,这就是该模式在路段方向性问题解决上的优势所在。因此,我们的数据模型在单/双路段的存储上将采用集中模式,其余相关的技术细节将在下文有关内容中再加以详细说明。

**(三) 类似的 OD 对方向性问题**

类似地,OD 对也存在方向性问题。OD 对本身是有向的,但某些情况下也需同时处理无向的或者双向的数据。例如,在制作 OD 期望图时,具有线宽、颜色等特征的 OD 期望线有时需代表 2 个交通区之间彼此来往的 OD 量总和(在示例路网中例如 OD 对 1—3 和 3—1 的 OD 量之和)。

在交通网络的数据建模中,OD 对方向性问题可以类似于路段方向性问题加以解决。当然,由于 OD 对在网络拓扑中的重要度远弱于路段,因此其实施的技术细节将更加简单。

## 第四节 交通网络的拓扑结构表示法及数据模型实例

交通网络的拓扑结构重点在于节点—路段拓扑关系、路段—转向拓扑关系。前者的表示法也就是一般有向图的表示法目前已研究得比较透彻,关键是要在综合比较现有各种方法的基础上,根据实际交通网络的特点及网络分析算法的要求加以选择;而后者的表示也可以借鉴有向图的表示法,因为路段之于转向的关系等价于节点之于路段的关系。两者构成完整的节点—路段—转向拓扑关系,也就是所谓的带转向的有向图结构。在此基础上,结合前两节的内容给出示例路网的数据模型。

### 一、节点—路段拓扑关系的表示法

节点—路段拓扑关系事实上就是传统的有向图的拓扑结构,在图论、计算机科学等学科中已得到较成熟的研究,涌现出多种表示方法,包括关联矩阵、邻接矩阵、邻接表和星形表等。

**(一) 关联矩阵**

有向图 $G=(N,A)$ 的关联矩阵 $B$ 定义如下:$B$ 是一个 $n \times m$ 的矩阵,满足

$$B=(b_{ia})_{n \times m} \in \{-1,0,1\}^{n \times m}$$

$$b_{ia} \begin{cases} 1 \in N, a=(i,j) \in A \\ -1 \in N, a=(i,j) \in A \\ 0 \end{cases}$$

式中,$n$ 为节点数目;$m$ 为路段数目。

也就是说，在关联矩阵中，每行对应于一个节点，每列对应于一条路段。若节点 $i$ 是路段口的起点，则关联矩阵中对应的元素为 1；若 $i$ 是 $a$ 的终点，则对应的元素为 −1；若 $i$ 与 $n$ 不关联，则对应的元素为 0。对于简单图，关联矩阵每列只含有 2 个非零元（一个 1，一个 −1）。在关联矩阵中，每行元素 1 的个数正好是对应节点的出度，每行元素 −1 的个数正好是对应顶点的入度。

示例路网的关联矩阵如图 6－4 所示。

$$\begin{array}{c} \\ 1 \\ 2 \\ 3 \end{array}\begin{array}{c}\begin{array}{ccccc}(1,2) & (1,3) & (2,1) & (2,3) & (3,2)\end{array}\\ \begin{bmatrix} 1 & 1 & -1 & 0 & 0 \\ -1 & 0 & 1 & 1 & -1 \\ 0 & -1 & 0 & -1 & 1 \end{bmatrix}\end{array}$$

**图 6－4　关联矩阵**

## (二) 邻接矩阵

有向图 $G$ 的邻接矩阵 $C$ 定义如下：$C$ 是一个 $n\times m$ 的矩阵，满足

$$C=(C_{ij})_{n\times m}\in\{0,1\}^{n\times m}$$

$$C_{ij}=\begin{cases}0(i,j)\notin A\\1(i,j)\in A\end{cases}$$

也就是说，如果两节点之间有一条路段，则邻接矩阵中对应的元素为 1；否则为 0。在邻接矩阵中，每行元素之和正好是对应节点的出度，每列元素之和正好是对应节点的入度。

示例路网的邻接矩阵如图 6－5 所示。

$$\begin{array}{c} \\ 1 \\ 2 \\ 3 \end{array}\begin{array}{c}\begin{array}{ccc}1 & 2 & 3\end{array}\\ \begin{bmatrix} 0 & 1 & 1 \\ 1 & 0 & 1 \\ 0 & 1 & 0 \end{bmatrix}\end{array}$$

**图 6－5　邻接矩阵**

## (三) 邻接表、反向邻接表和双向邻接表

所谓有向图的邻接表（Adjacency Lists），就是所有节点的邻接节点集的列表。邻接表可以用多种数据结构加以实现，通常采用数组加链表的混合形式。在这样的邻接表中，节点存储在数组中，对每个节点用一个单向链表列出该节点的所有邻接节点，链表中每个单元实际对应于一条路段（此路段的起点取决于链表头，终点取决于该单元存储的节点）。

类似地，有向图的反向邻接表（Inverse Adjacency Lists）是所有节点的反向邻接节点集的列表，同样可以用多种数据结构加以实现。示例路网的邻接表如图 6－6(a)所示，其中箭头代表指向链表下一单元的指针，“∧”代表空指针，即链表结尾。示例路网的反向邻接表如图 6－6(b)所示。

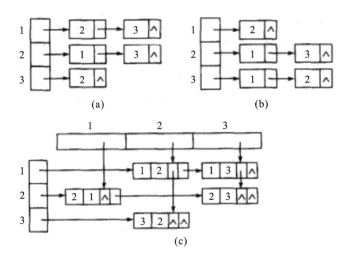

图 6-6 邻接表、反向邻接表和双向邻接表

邻接表能快速检索邻接节点,但是无法快速检索反向邻接节点,而反向邻接表则反之。双向邻接表就是将邻接表和反向邻接表结构合二为一,集二者之优点。双向邻接表通常用十字链表来实现。在这种结构中,每个节点有两个单向链表,一个列出该节点的所有邻接节点,另一个列出该节点的所有反向邻接节点。对于不同的节点,这两类链表的单元可以共用,链表的一个单元对应一条路段。示例路网的双向邻接表如图 6-6(c)所示,图中由每个节点引出的横向链表串起了它的邻接节点集,而竖向链表则串起了它的反向邻接节点集。

**(四)前向星形表、反向星形表和双向星形表**

星形表(Star)实际上是邻接表的一种以顺序表为结构的具体形式。它不是采用多个单向链表,而是利用一个单一的数组(记为 Star)依次存储各个节点的所有邻接节点。此外,为了能够快速检索各个节点的邻接节点,还要用另一个数组(记为 Pointer)记录每个节点的邻接节点在 Star 数组中的起始地址,这样节点 $i$ 的所有邻接节点在 Star 中就位于 Pointer($i$) 到 Pointer($i+1$)$-1$。这种星形表称为前向星形表(Forward Star)。

类似地有反向星形表(Backward Star),它实际上是反向邻接表的一种具体实现形式。示例路网的前向星形表和反向星形表分别如图 6-7(a)、图 6-7(b)所示。

双向星形表是对前向星形表和反向星形表的合二为一,同时也集成了二者的优点,它实际上是双向邻接表的一种以顺序表为结构的具体形式。在双向星形表中,对邻接节点的检索通过数组 FPointer 和 Star 进行,这与前向邻接表一致;而对反向邻接节点的检索也类似于反向星形表,唯一不同的是,以 Trace 数组替代反向星形表中的 Star 数组。Trace 数组存储的是反向邻接节点在 Star 中的地址,即 BPointer 单元存放 Trace 单元的地址,而 Trace 单元存放 Star 单元的地址,通过这种方式使得节点与其反向邻接节点在逻辑上紧密联系,同时又避免了维护 2 个 Star 会产生的数据冗余问题。示例路网的双向星形表如图 6-7(c)所示。

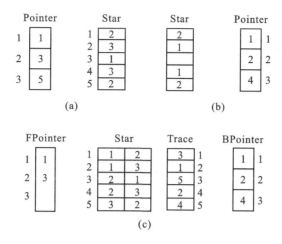

图 6-7 前向星形表、反向星形表和双向星形表

## （五）方法比较

可以看出，有向图关联矩阵和邻接矩阵的表示法非常简单、直接。但是，在关联矩阵的所有 $n \times m$ 个元素中，只有 $2m$ 个为非零元，在邻接矩阵的所有 $n^2$ 个元素中，只有 $m$ 个为非零元，它们就是所谓的稀疏矩阵。对于比较稀疏的网络，这两种表示法会浪费大量的存储空间。当然，这两种矩阵在理论研究上均具有重要价值。而邻接表（包括星形表）的提出在一定程度上就是为了解决稀疏矩阵的存储效率问题。

从计算机科学的角度认为，邻接表可以用多种数据结构加以实现，包括：①链表，节点和其邻接节点都存储在链表中；②顺序表（以数组为代表），节点和其邻接节点可以存储在一个 $n \times d$ 的二维数组中（$d$ 为有向图中节点的最大出度），也可以通过一定的方式存储在两个一维数组中（如前向星形表）；③链表和顺序表两者的结合，如图 6-6(a)的形式。

星形表作为邻接表的一种具体实现形式，具有易于理解和实现的优点，在各个领域包括交通领域中均得到广泛应用，因此它在概念上已从一般的邻接表中分离了出来，被认为是一种独立的表示法；而其余形式的邻接表，又以数组加链表的混合结构最为常用。因此，若不加特别说明，下文中的"邻接表"一词就特指这种混合结构的邻接表。

邻接表支持对链表单元的动态增删，尤其适合于网络结构在程序运行期间需要调整的情形，但需要编程语言提供指针类型（如 PASCAL、C 语言等）；而星形表则不是动态的，在那些不提供指针类型的语言（如 FORTRAN、BASIC 语言等）中也同样容易实现。

经分析得到有向图各种表示法的空间复杂度以及常用的不同操作下的时间复杂度，见表 6-4。

## （六）方法选择

城市道路交通网络一般规模较大（节点数 $n$、路段数 $m$ 很大），但属于稀疏网络（$m/n$ 一般在 3 左右），因此关联矩阵、邻接矩阵在存储效率或者说空间复杂度上的缺陷对交通网络而言显然是致命的。除此之外，其他 6 种表示法的空间复杂度均为 $O(n+m)$，尽管在系数上会有细微差异,但均与 $m$ 呈线性关系。因此单从存储效率而言,它们在交通网络中均是可以接受的。

表6-4 各种表示法的空间和时间复杂度

| 表示法 | 空间复杂度 | 主要操作的时间复杂度 | | | |
|---|---|---|---|---|---|
| | | 判断节点的邻接性 | 查找邻接节点 | 查找反向邻接节点 | 插入或删除一条弧 |
| 关联矩阵 | $O(nm)$ | $O(m)O(m)$ | $O(m)$ | $O(m)$ | $O(n)$ |
| 邻接矩阵 | $O(n)^2$ | $O(1)$ | $O(n)$ | $O(n)$ | $O(1)$ |
| 邻接表 | $O(n+m)$ | $O(m/n)$ | $O(m/n)$ | $O(m)$ | $O(1)$ |
| 反向邻接表 | $O(n+m)$ | $O(m/n)$ | $O(m)$ | $O(m/n)$ | $O(1)$ |
| 双向邻接表 | $O(n+m)$ | $O(m/n)$ | $O(m/n)$ | $O(m/n)$ | $O(1)$ |
| 前向星形表 | $O(n+m)$ | $O(m)$ | $O(m)$ | $O(m)$ | $O(m)$ |
| 反向星形表 | $O(n+m)$ | $O(m)$ | $O(m)$ | $O(m)$ | $O(m)$ |
| 双向星形表 | $O(n+m)$ | $O(m/n)$ | $O(m)$ | $O(m)$ | $O(m)$ |

在现有的文献中,选用邻接表或者前向星形表是最为普遍的,但我们认为具体选择哪一种方法,应权衡问题求解算法的特点与各方法的时间效率而定。例如,在求解 Logit 型随机网络加载模型的 Dial 算法中,不但需要检索节点的邻接节点(正向计算路段权重步骤),而且还要处理其反向邻接节点(反向分配路段流量步骤),此时双向邻接表或者双向星形表在计算速度上的优越性就远胜于单向的邻接表或者星形表,尤其是在反复调用 Dial 算法的 SUE 问题的求解中。又如,搜索多源单汇类型的最短路径时,反向邻接表或反向星形表就比邻接表或前向星形表更为有用。

具体到本文的研究内容,由于求解 nMAMUT 模型的 D-SAMT 算法中需要搜索从某个 OD 起点到所有 OD 终点带转向延误的最短路径集,而此类最短路径算法需要同时对节点的邻接节点和反向邻接节点进行遍历和处理,因此双向邻接表或者双向星形表更适合我们的需要。

## 二、节点—路段—转向拓扑关系的表示法

### (一) 路段—转向拓扑关系的表示法

城市道路交通网络的拓扑结构与一般抽象有向图的最大区别在于,前者还需建立路段与转向之间的拓扑关系。我们曾指出,路段之于转向的关系等价于节点之于路段的关系,那么用于描述节点—路段拓扑关系的有向图表示法经适当调整后完全可应用于路段—转向拓扑关系的描述。为示区别,我们将邻接表、星形表称为节点邻接表、节点星形表,而此处描述路段—转向拓扑关系的邻接表、星形表分别称为路段邻接表、路段星形表。

类似于有向图表示法,我们在选择路段—转向关系的表示法时应根据问题求解算法的

特点与各方法的时间效率而定。由于基于转向的 Logit 型随机网络加载的 TALL 算法不但需要检索路段的邻接路段（正向计算转向权重步骤），而且还要处理其反向邻接路段（反向分配转向流量步骤），因此路段的双向邻接表或者双向星形表更适合我们的需要，也更具一般性。

以路段双向邻接表为例，示例路网的路段—转向拓扑结构如图 6-8 所示，我们对其中的路段进行了编号，具体对应关系同表 6-2。

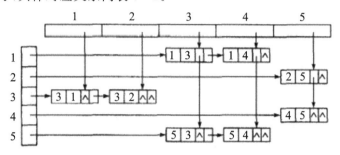

图 6-8　路段双向邻接表

### （二）节点—路段—转向的完整拓扑关系

我们给出的节点双向邻接表和路段双向邻接表分别对节点—路段拓扑关系和路段—转向拓扑关系进行了描述。表面上这两个表是独立的，但实际上它们是一个完整的统一体，统一于路段在节点—路段和路段—转向这两类拓扑关系中承上启下的联系作用（事实上，节点邻接表和路段邻接表在具体数据结构上甚至可以结合在一起，星形表亦是如此）。因此这两个表能对城市交通网络中的节点—路段—转向之间完整的拓扑关系进行描述。

例如，需要用到交通网络拓扑结构的一个极好例子——列出某个交叉口处的所有转向。这个操作可以按如下步骤进行：

Step 1：在节点双向邻接表中，顺序检索得到该节点的一条入关联路段；
Step 2：对该入关联路段，在路段双向邻接表中检索到其所有出关联转向；
Step 3：若该节点还有剩余入关联路段，则跳转至 Step 1，否则停止。

经简单分析可知，该操作的平均时间复杂度为 $O[（优/行)2]$，在交通网络中基本上可以看作常数，与网络大小无关。由此可见，用节点双向邻接表和路段双向邻接表的组合对交通网络的完整拓扑关系进行描述是相当高效的。

## 三、交通网络数据模型实例

在选择了合理的交通网络拓扑结构表示法的基础上，给出了示例路网的网络数据模型，如图 6-9 所示。网络拓扑结构用节点和路段的双向邻接表表示；为简洁起见，存储空间数据的 GIS 表和存储属性数据的 DBMS 表在形式上合二为一；拓扑数据与空间数据、属性数据之间的双向箭头则代表了数据之间的联系，实质上是数据库表的主键。模型已考虑了路段和 OD 对的方向性问题。

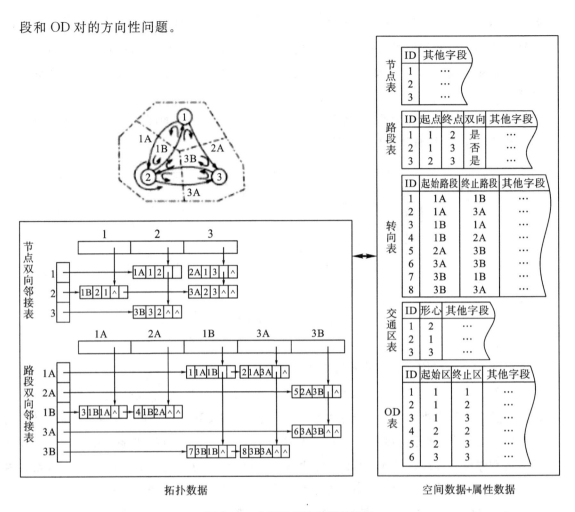

图 6-9 交通网络数据模型实例

该数据模型的建立过程并不复杂,空间数据和属性数据的输入有两种方式:①在利用可视化的图形编辑工具建立各种交通网络图形对象之际,同时输入属性数据;②根据已有的 DBMS 数据库表及包含的空间信息,自动生成图形对象(这适用于从现有非 GIS 支持的交通网络数据格式转换为 GIS 支持的形式)。

至于拓扑数据,它事实上已蕴含在属性数据甚至空间数据中(之所以要将其以一定的数据结构从整体上单独组织,而不是必要时才从属性数据或者空间数据中查询得到,是为了提高网络分析的时间效率),因此节点双向邻接表可以通过访问路段表的所有记录,分析比较各记录的起点、终点以及是否单向通行而建立,路段双向邻接表可以通过访问转向表的所有记录,分析比较各记录的起始路段、终止路段而建立;若节点、路段图形对象在空间上严格吻合其拓扑关系,那么这两种双向邻接表甚至可通过分析图形对象的拓扑关系自动完成。当然,在节点和路段的双向邻接表中除了拓扑数据外,还可以适当存储一部分使用频率高的属性数据,以减少从数据库存取数据的开销,从而提高分析的效率。

# 第五节　动态路网的数据模型

前文给出的基于 GIS 的城市道路交通网络数据模型是以独立的静态路网为研究对象，无法对动态演变中的路网进行有效的抽象。实际的交通规划过程往往针对多个规划期进行，需在现状路网的基础上不断改造、完善，由近及远地提出各个规划特征年的路网规划方案；同时，每个规划特征年也可能存在多个比选方案以供比较，从而选取最为合理的一个作为此特征年的规划方案。类似这种经由初始路网逐步演变而得到的相互联系的一系列路网可称为动态路网。在动态路网中，不同路网方案的主体是一致的，都由初始路网调整得到，不同路网方案的数据存在大量的重复部分。

基于传统路网数据模型的交通规划软件，对动态路网大多是按多个独立路网建立和分析的。这种处理方法不但造成数据冗余过大，更致命的是掩盖了路网动态演变的过程。因此有必要对传统的路网数据模型进行改进，使之能有效表现动态路网的动态性，充分揭示路网方案之间的联系。

由于路网的动态性主要表现在节点、路段和转向的变化上，而交通区和 OD 对在规划方案中一般是固定不变的，因此前三类要素是本节中路网数据模型的重点研究对象。

## 一、动态路网的概念与特征

### （一）相关概念

动态路网在本质上是由单个初始路网经过多个阶段的演变而衍生成的一系列有着直接或间接派生关系的路网方案。其相关概念如下：

(1) 直接派生关系中，被派生的路网方案称为基础方案，在基础方案的基础上派生得到的方案称派生方案。基础方案和派生方案是相对的，一个直接派生关系中的基础方案在其他直接派生关系中可以是派生方案；类似地，派生方案亦可能是基础方案。

(2) 直接派生关系是一对多的，即一个基础方案可直接派生多个派生方案，但是一个派生方案只对应一个基础方案。

(3) 间接派生关系在直接派生关系基础上定义：若 A 直接派生（或间接派生）B，B 直接派生（或间接派生）C，则 A 间接派生 C。这个定义同时说明，派生关系具有传递性。

(4) 动态路网中的其他方案都由初始方案直接派生或间接派生得到，直接派生关系揭示了动态路网的动态性。

### （二）基本内容

直接派生关系是构成动态路网的基础。直接派生关系的内容就是派生方案相对于基础方案的修改。根据实际的交通规划经验，直接派生关系的内容可以归纳为以下基本的三类，任何直接派生关系均由这三类基本内容组合而成。

(1)增加节点/路段/转向:关键是添加路段,在添加路段的同时也必然需要添加转向,也可能需要添加节点。

(2)删除节点/路段/转向:这种情形的现实意义是,被删除的路段因为其交通功能或重要度弱化,从而失去保留在派生方案中进行分析的必要。在删除路段的同时,需要删除相关的转向;若与某个节点连接的所有路段被删除,则需同时删除这个节点。

(3)更新节点/路段/转向:更新节点、路段或转向的属性数据,不涉及路网的拓扑结构。

**(三)结构描述**

根据动态路网的相关概念,可用方案树对其结构进行描述。树的每个节点代表一个路网方案,根节点即为初始路网;连接节点的边代表方案间的直接派生关系;互为父子关系的两个节点,父节点即为基础方案,子节点即为派生方案;树的高度代表动态路网的层次数,一个层次代表动态路网的一个演变阶段,根节点所在层约定为第0层。

图6-10所示为一个用方案树描述的动态路网,它有4个演变阶段,13个方案。其中,节点1为根节点;节点2、3、4均为节点1的派生方案,互为兄弟节点;节点2直接派生节点5,间接派生节点6。

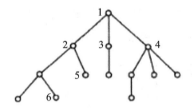

图6-10 动态路网的方案树结构

# 二、对动态路网的数据建模

本节将在方案树和图6-9所示模型的基础上建立动态路网的数据模型。图6-11所示为一个在示例路网基础上演变的动态路网及其数据模型,它的方案树只有2个节点,但足以说明动态路网数据模型的实质。

**(一)模型说明**

该动态路网数据模型继承了前文所探讨的交通网络数据模型的所有优点,方案树仅描述动态路网的拓扑结构,GIS表和DBMS表存储动态路网的空间数据和属性数据。

方案树的根节点存储初始路网的拓扑结构(即节点双向邻接表和路段双向邻接表),具体形式等同于图6-9的对应部分,其余节点并不存储对应方案的完整拓扑结构,仅存储其相对于基础方案的调整部分,目的是保证最少的数据冗余但又能转换成完整拓扑结构。

动态路网中所有方案的节点数据存储在同一张节点表中,对路段和转向数据也做类似处理。也就是说,任一方案所对应的属性数据和空间数据是节点表、路段表和转向表的一个子集,节点表、路段表和转向表是所有方案数据的并集。

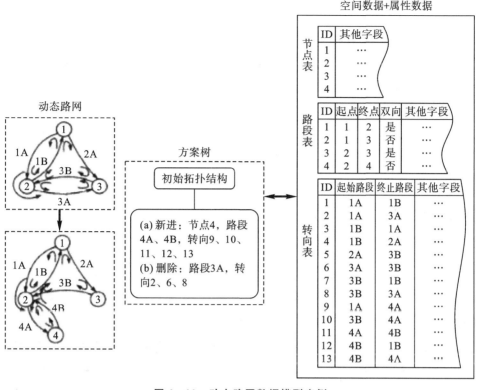

图 6-11 动态路网数据模型实例

某个路网方案的节点双向邻接表和路段双向邻接表相当于一个从方案树指向数据库的蕴涵路网拓扑结构的高级索引,其生成过程为:由初始路网拓扑结构出发,在从根节点沿着边前进到此方案对应节点的路径上,读取各个节点的内容,不断地修改路网拓扑结构,最后得到此方案完整的节点双向邻接表和路段双向邻接表。各方案的真正拓扑结构没有必要随方案树同时创建,可以在需要时再从方案树中推导出来。

## (二) 建模过程

方案树、节点表、路段表和转向表均在动态路网的派生过程中动态地建立,其步骤如下:

Step 0:生成节点表、路段表和转向表,存储初始路网的数据,生成只有根节点的方案树,根节点存储初始路网的节点双向邻接表和路段双向邻接表;

Step 1:从方案树的某个节点直接派生出一个方案,为派生方案建立一个空白节点,按表 6-5 所列操作动态修改节点表、路段表和转向表及此节点的内容,直至所有基本内容派生完毕;

Step 2:若所有直接派生关系均已建立,则停止,否则转入 Step 1。

表 6-5　建立直接派生关系的相关操作

| 基本分类 | 相关操作 | |
|---|---|---|
| | 数据库表的修改 | 方案树节点的修改 |
| 增加节点/路段/转向 | 增加节点/路段/转向记录 | 标记拓扑结构的部分调整 |
| 删除节点/路段/转向 | 不变 | 标记拓扑结构的部分调整 |
| 更新节点/路段/转向 | 复制原节点/路段/转向记录，更新新纪录的相关字段 | 标记新、旧记录的主键 |

## 三、模型的应用领域

凡是涉及路网方案比较、路网动态调整的交通规划中的各个领域，动态路网模型均具有良好的应用前景。本节引言中提到的多规划期、多比选方案的路网规划就是一个极好的例子。又如，路网建设项目实施序列的拟定是交通规划中一个很重要的环节，常用的方法包括全部可能顺序比较法、一次性比较法、滚动排序法、阶段滚动排序法等，其核心原则均是"有无项目的路网比较"，这就涉及路网的不断调整，因此这些方法都可以借助动态路网模型进行排序。

图 6-12(a)的方案树描述了交通规划中现状路网、各规划特征年路网的规划方案和比选方案的关系。图中，树的深度 $n+1$ 代表规划期数目（包括基年），一个层次代表一个规划期；除最底层的每个层次有且仅有一个节点具有儿子节点，该节点代表对应规划特征年的规划方案，它的兄弟节点代表其他比选方案。

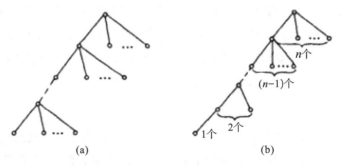

图 6-12　动态路网数据模型的应用

图 6-12(b)的方案树描述了项目滚动排序的过程。图中，根节点代表初始路网，最底层的节点代表规划路网，初始建设项目集（即规划路网相对于初始路网的调整）划分为逐个项目；第 $i$ 层代表第 $i$ 轮排序滚动期（$i=1,2,\cdots,n$），在第 $(i-1)$ 轮得到的路网基础上分别加入未建的 $(n-i+1)$ 个项目得到 $(n-i+1)$ 个临时路网（即第 $i$ 层的所有节点），根据"有无项目路网比较"原则，对这 $(n-i+1)$ 个项目进行比较，选出最优项目作为本轮建设项目，并且将其从建设项目集中删去，最优项目对应的临时路网作为本轮滚动后的路网，也是下一轮滚动的基础；从根节点到最底层节点的路径相当于最终的建设项目实施序列。

## 第六节　GIS-T 数据模型的难点问题及发展动态

就面向城市交通管理规划的城市交通需求分析而言,我们在前文给出的基于 GIS 的城市道路交通网络数据模型及其拓展形式基本能满足问题的需要,但这仅仅是 GIS-T 数据模型的一个应用例子。作为缓解现代城市交通问题的有效技术手段,GIS-T 在各种不同的交通应用领域需要具有不同技术特点的数据模型的支持,尤其是蓬勃发展的 ITS 技术对 GIS-T 数据模型提出了更多要求,同时也涌现出许多新的发展动态。

### 一、平面网络与非平面网络

为了尽可能保证数据库的完整性,GIS 系统通常要求节点—路段网络的平面嵌入(Planar Embedding),这意味着在路段相交的地方必定存在节点。平面嵌入保证了由此得到的空间数据图层拓扑的正确性,但是平面网络要求各个路段的相交点必须对应网络节点,这一限制不符合现实世界中交通网络的特征。例如,对于某条上跨式的高架路段与其跨越的平面路段,若在两者平面相交处放置一个节点,这就意味着车辆能够经由平面路段驶入或者驶离高架路段,由此导致路径搜索时产生问题,因为上述连通性在现实中并不存在。

对该问题一般有两种解决途径:①放宽对平面拓扑一致性的要求,允许非平面网络,但这可能会导致数据完整性问题;②依旧遵循平面嵌入策略在高架路段与其跨越路段的平面相交处增加一个节点,但是对该节点处所有不合实际的转向实施转向禁止措施,即这两条路段上只有直行才是允许的。

### 二、动态分段与线性参照

传统的节点—路段模型的主要缺陷源于其采用的固定分割法,即地理要素按空间位置关系被固定分割成许多路段,路段组合成网络,节点由路段连接。它有四点不足,即静态性、属性唯一性、信息分散性和冗余性。欲有效解决具有一对多属性或分段属性的地理要素的表达问题,关键是将属性从节点—路段结构中分离出来,舍弃属性与路段、节点的一一对应关系,这就是动态分段(Dynamic Segmentation)思想的由来。

动态分段将线性目标描述为事件(包括点状事件和线状事件),事件发生在某个真正的线性要素(路段、路径等)内,可以用该要素加事件发生点相对于该要素的偏移量组合表示。事件并不是真正的图形实体,本身没有坐标,只是通过映射关系继承了要素的坐标。

动态分段思想的实现依赖于线性参照系统(Linear Referencing System,简称 LRS)的建立和以它为指导建立的空间数据库,以及基于同一 LRS 分段采集的属性数据。它通常有四种线性参照方法:①里程定位表示法;②路边标志表示法;③街道地址匹配法;④节点-路段表示法。

交通建模的一个特点是多种线性要素通常重叠在同一个交通网络上,而且线性要素常具有一对多的属性,而这正是动态分段和 LRS 技术的长处。例如,一条公交线路与路网重叠,不同的公交线路相互重叠,而公交线路与公交站点又具有一对多的关系,因此公交线网及其与路网联系的表示宜应用动态分段和 LRS 技术。

### 三、基于车道的数据模型

以完整的道路作为基本建模要素,对于数据显示和涉及道路描述特征的某些应用已足够,此种情况下道路的车道数、车道宽度等关于车道的整体信息均可以作为路段的属性。但在某些交通应用尤其是 ITS 中,需要对一些更详尽的车道信息进行建模和处理,如针对车道的交通流分析、针对车道的转向限制、各个车道的起始和终止位置、车辆实施某种转向所需提前进行的变道行为等。这就需要一种基于车道的数据模型能够表示车道的出现/消失情况、同一路段中不同车道的横向连通性以及车道中的行驶分隔物和限制(包括前向、侧向和转向)等信息。

关于基于车道的数据模型,Fohl 等人给出了一种采用动态分段技术的方案,陆锋等也对其进行了一些研究。此类模型需要更高的地理详尽度,当然也就需要更多的数据存储空间。

### 四、可导航的数据模型

可导航的(navigable)数据模型即该数据模型能够在地图参考框架中对车辆进行定位,并在车辆位置及其余关于当前和未来预测的交通系统特性信息的基础上提供导航功能。就 ITS 而言,可导航的数据模型需要提供以下典型功能:①经纬度坐标和街道地址两者之间的双向转换;②地图匹配,即能将非网络上的车辆位置快速地匹配到最近的网络路段上;③最优路径计算,需要较高的空间数据精度并能考虑转向限制等交通控制措施的影响;④路径诱导,即为车辆在路径行进过程中提供实时的导航指令。

一般的节点—路段模型或者加上动态分段技术后的该模型都无法有效地提供以上功能,因此新型的可导航的数据模型必须能够表示复杂的空间特征,以便更完全地支持 ITS 中详细的路径诱导、交通控制特征及由车载 GPS 和交通设施内置传感器提供的高分辨率位置等可用信息。

### 五、时空数据模型

交通信息除了空间特征外还往往具有时变特征,人们对它们的描述或分析总离不开它们在地球上的位置及所处的时间,但在目前 GIS 条件下还无法对这种时变特征进行有效描述和表达。例如,某条路段在一天内不同时段的拥挤情况可以记录为同一路段表中的一系列不同属性,但是现有系统却无法将这些属性视为一个具有内在时序关系的序列。

时空数据模型的核心问题是研究如何有效地表达、记录和管理现实世界的实体及其相互关系随时间不断发生的变化。迄今为止已有一些关于时空数据模型的解决方案,但尚未达到实际应用的程度。例如,Goodchild 等(1993)提出了活动事件(Activity Event)和时空矩阵(Space-time Matrices)两种表示个体时空行为的不同方式,并将其集成到了 GIS 数据模型中。

## 六、三维数据模型

GIS-T 处理的交通空间数据从本质上说是三维连续分布的,但目前绝大多数的商品化 GIS 软件包还只是在二维平面的基础上模拟并处理现实世界中所遇到的现象和问题,而一旦涉及处理三维问题时(例如有坡度地形中的实际距离测量,诸如上跨式和下穿式通道此类 3D 结构的表示等)就无法精确地反映、分析或显示有关信息。

国际上关于三维数据模型的研究大体上可分为两个方向:①三维矢量模型,用一些基元及其组合来表示三维空间目标,这些基元本身可以用简单数学解析函数描述;②体模型,以体元模型为代表,这种体元模型的特点是易于表达三维空间属性的非均衡变化,其缺点是所占存储空间大、处理时间长。在 ITS 领域,Bespalko 等讨论了一种面向对象的三维 GIS-T 数据模型的特征,该模型能有效支持路径诱导、图像增强、自动驾驶等应用。

就目前而言,三维数据模型的研究尚存在理论不成熟、拓扑关系模型没有得到很好的解决、数据量过大难以编程实现等问题。

# 第七章 城区交通微循环路网规划设计方法

交通组织模式的确定和道路交通设施的配置分别对城区交通发展进行了引导和支撑，从交通组织层面进行设施的规划设计是落实交通模式和设施使用的主要途径。慢速微循环路网的规划与设计正是充分利用城区丰富的街巷路网资源，提高内部路网承载能力，解决交通拥堵的有效方法。

## 第一节 交通微循环系统

### 一、交通微循环

城市交通类似于人体的血液循环，路网类比于人体的血管系统。城市路网中快速路、主干道和次干道犹如人体的主动脉和静脉，联系城市的各个功能单元，而干道网以外的支路、胡同和巷道等类似于人体的毛细血管，这些道路的畅通对于维持城市各项功能的正常运行和保持干道的畅通具有重要的影响。研究交通微循环体系的构建需要充分了解交通微循环的基本特征（见表7-1和图7-1）。

表7-1 交通微循环的基本特征

| 因素 | 交通微循环的基本特征 |
| --- | --- |
| 结构 | 快速路、主干路、次干路、支路、街巷 |
| 功能 | 人流和物资的移动 |
| 运行形势 | 快速路—主—次—支—毛细道路—支—次—主—快速路 |
| 容量 | 较大 |
| 整体机能 | 一旦出现问题，会发生交通拥堵或瘫痪 |
| 恒定性 | 局部时空条件下的相对恒定 |
| 突变及其可控性、调节性 | 可人为调控，例如可利用支路和街巷组织救援、应急交通和单向交通 |
| 早晚高峰 | 明显，具有一定的重复性 |
| 季节性 | 有 |
| 可调节性（规模、流量流苏、流向、优先权、功能等） | 可人为调控，例如社区交通安宁和交通信号对交通的调节 |

续表

| 因素 | 交通微循环的基本特征 |
|---|---|
| 功能可移植性 | 特殊情况下,支路和街巷道路可部分执行次干路、主干路的功能 |
| 多方式配合 | 需要,如步行、自行车和机动车的相互配合 |
| 个体出行链 | 常见,如一次出行可能会用多种交通方式转换 |
| 个体出行分布 | 主要与个人生活、工作、休憩需求及出行习惯有关 |
| 决策机制 | 个体出行者依据其个性化需求 |
| 运输载体 | 多样化,相互间有冲突,如机动车与自行车 |
| 功能、需求衍生性 | 常作为其他活动、需求的衍生物 |
| 外部影响因素 | 社会、经济、文化、法律等 |
| 负面效应 | 拥挤、噪声、尾气排放、事故和振动等 |
| 成熟化的模型与理论 | "四阶段"交通规划模型、微观经济学、出行者行为理论和交通经济、公共经济学理论 |

图7-1 城市交通微循环系统

## 二、城区交通微循环

微循环路网是服务机动车交通分流和集散的基础性道路网络,是完善城市道路网结构的重要物质基础。发达的微循环路网不仅能够很好地集散干路上的交通,也能够为城市的短距离出行提供有效服务,使之不必进入干路网络即可达到出行目的,降低了短途出行对干路资源的占用。路网连通性的提高也将减少许多不必要的绕行。

微循环路网是承载步行、自行车、常规公交等绿色交通方式的基础性道路网络，是优化城市交通结构的重要物质基础。微循环路网为步行、自行车交通提供更直接更丰富的路径选择，一旦缺失将使步行、自行车交通流量大量集中在有限的城市干路网上，使干路交叉口交通流组织疏导难度和交通负荷度加大，运行效率下降，对慢行交通安全也会产生影响。微循环路网能使常规公交更加深入到出行的发生吸引点，方便市民乘坐公共交通，也有利于常规公交线路的分散布置，解决步行至公交站点距离长、干路上公交线路重复系数高等问题。微循环路网也是保障地块可达性的基础性道路网络，城市道路网密度越高，可达性越高，道路两侧的临街铺面也越多，越能有效提高城市土地利用的效率与效益。

城区具有狭窄而密集的街巷路网体系，低等级路网密度较高，干道网密度较低，高峰时期难以承担大量的机动交通，而必要的机动化交通可达性是保持地区各项功能和活力的重要保障。在干道机动化承载能力不足的情况下，必须充分挖掘街巷路网等低等级道路的交通潜力，采用合理的交通组织模式，引导部分机动化交通向这些道路转移。这样，既能缓解干道的交通压力，也能提高路网的整体承载能力，更能提高居民出行的可达性和地块的可达性。因此交通微循环对于解决城区交通具有较强的适应性。

因此，将城区交通微循环系统定义为以街巷路网体系为载体，由部分次干道、支路及交通性街巷道路组成的地区性道路网络运输体系。道路微循环系统与由干道网组成的主循环系统相比，具有更高的路网密度和长度，可以缓解干道交通压力，有利于提高路网的连通性和可达性，进而提高道路网络整体集散能力和运行效率。

我国大部分城区的微循环路网都存在结构性缺失和功能性缺失这两方面的问题。建设上对微循环路网的漠视往往导致微循环路网结构性缺失。由于城市建设部门往往认为干路网是承载城市交通流的主要载体，微循环道路的大量拓宽改造是很多城区的普遍现象，"以车为本"导向下的微循环道路规划设计只注重机动车道的宽度、通行能力，对微循环道路进行盲目拓宽打通甚至干道化改造，往往造成城区路网结构的肌理性破坏，影响城市历史风貌。在城区更新中，大型居住小区、商业综合体的建设形成了新的大院，使得许多原本的微循环路网逐渐消失或成为居住区内部道路。

管理上对微循环路网的漠视也会导致微循环路网功能性缺失。城市交通管理常侧重于干道网，支路和街巷路网的渠化及空间整治管理往往被忽略，缺少标线划分路权，行人、自行车、机动车等混合行驶、相互干扰，各种交通方式的通行权利均得不到保障，行人和自行车安全性差，交通管理上对机动车速度也缺乏有效的管理和限制。支路和街巷是市民进行日常活动的交往空间，机动车的强势使得人作为曾经的主体在其中的中心地位不断被削弱，影响了交往空间的活力，也损害了社区安宁。另外，也有部分支路和街巷由于占道经营和随意停车，成为了"商业街"和"停车场"，丧失了其基本保障机动车通过的交通功能。

这其中为适应机动化需求而对微循环路网进行拓宽打通甚至干道化改造，以及将机动车引入到微循环路网后却缺乏对其进行相应的交通管理，是交通微循环实施并未取得良好成效的最重要原因，在微循环路网的规划、设计、管理中应给予重视和避免。

## 三、微循环系统的组成与分类

交通微循环组成及分类主要结合所在地区、承担的功能、性质和服务对象进行划分,但是划分的方法有多种。

(1)按控制范围划分,城市交通微循环可分为整体交通微循环、区域交通微循环(例如老城区、CBD 地区等)和小范围片区交通微循环(例如客运枢纽地区等)。

(2)从交通服务对象上划分,交通微循环可分为机动车交通微循环、非机动车交通微循环和步行交通微循环;按照运输服务对象划分可分为客运交通微循环和货运交通微循环,客运交通微循环又可分为私人交通微循环和公共交通微循环。

(3)从时空连续性上划分,分为临时交通微循环(例如运动会、博览会等)和长期交通微循环(例如旧城或居住区交通微循环等),这主要结合区域特性、交通流特征以及可能的大型活动对交通流产生的影响而定。

(4)从交通走向上划分,可分为单向、双向和可变方向交通微循环。

根据区位特征、服务对象、交通流特性等,城区交通微循环应侧重于针对区域性、长期性机动车交通微循环进行分析研究,并同时兼顾非机动车和步行交通微循环。

## 四、交通微循环的功能与特性

交通微循环系统与道路主循环系统在本质上的区别在于"微"字。与医学上的血液微循环系统相类比,可以认为城市交通微循环系统在功能及特性方面与主循环系统存在差别,具有自身的特征。

**(一)交通微循环的功能**

城市交通微循环功能从狭义上可认为是交通功能,从广义上说还包括服务功能,而交通功能是其基本功能。一个完善的交通微循环系统的功能特征可概括为以下六个方面。

**1. 交通分流**

根据交通微循环系统的定义,由部分次干道、支路及以下等级道路组成的交通微循环系统的功能之一就是分流干道交通压力。根据《城市道路交通规划设计规范》规定,快速路、主干路和次干路、支路的合理密度比应为3∶9～3∶10,低等级道路密度较高。从每类道路看,微循环道路断面较窄,流量较小,但是从整体网络结构性能来看,高密度的交通微循环系统与干道网组成的主循环系统相比,具备更强的交通集散能力和可达性,承担的交通流量也更大。如果对这些道路加以合理的改造和提升,形成顺畅的网络系统,必能在很大程度上分担干道交通压力。因此,一个完善的交通微循环系统应具备交通分流的功能。

**2. 输送便捷**

在交通微循环系统中,交通流先从街巷道路运送到支路,再向次干道(或干道)汇集,最后回到支路和街巷道路,形成一个循环。在整个循环过程中,各类道路相交的"节点"部位决定了交通流输送的能力。如美国迈阿密市通过设计网格化的道路网络,次要道路和快速干道相交处设计了便捷联系的节点,而节点的密度与其附近的土地用途和开发容量密切相关,如图 7-2 所示。这种设计手法使得主干道上的交通能顺利到达各个区域和地块,保证城市交通的畅通。因此交通微循环系统应具备便捷的输送能力,而这要求必须结合土地利用、开发强度等因素,合理设计各类相交道路节点。

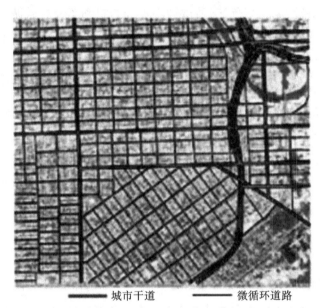

图 7-2 美国迈阿密市中心交通微循环系统

**3. 解决组团或片区交通问题**

交通微循环系统中"微"的特征表明,其主要功能之一在于解决微观层面组团或者片区的交通出行需求,这也是微循环系统设计的主要目标之一。尤其对于城区这类地区,干道稀疏,街巷密集,一味追求通过快速干道解决交通问题,一方面严重破坏各类历史文化遗产和风貌,另一方面快速的机动化交通也会对居民传统的生活方式造成很大的冲击,从而造成城市文化内涵的流失,城市的特色也会随之消逝。

**4. 地区特征差异**

在城市中,老城、新区以及两者之间的过渡区的微循环系统在路网密度、交通组织、交通流特征方面具有较大差异,需区别对待。老城等历史地区一般具有狭窄密集的微循环道路,较少的过境交通和特色交通环境;而新区往往道路宽阔、横平竖直,现代化交通特征明显;过渡区则随着与老城及新区路网的衔接及本身土地利用特征,较为复杂多样。因此,交通微循环系统随地区特征的不同而不同,必须审慎对待。

以英国历史城镇阿斯福德(Ashford)为例,其在处理历史地段交通问题的常见手法是:组织外部交通时,利用单向行驶的环路形成合围区域,并在周边设置足够的换乘停车场;区内通过组织交通微循环系统及慢行系统处理内部交通。而在交通组织与管理方面,通过采用增加支线公交、增设公交站点,提高公交可达性和服务水平,并增加停车费、限制通行和停车时间等措施,控制外来车辆进入历史地区,从而达到缓解交通压力、保护历史地段风貌的目的。针对新开发区,阿斯福德则通过交通规划、严格的容量控制以及城市设计等手段来构建完善的城市交通微循环系统。这种差异化的微循环设计模式,大大改善了该类地区的交通状况,如图7-3所示。

图7-3 英国阿斯福德城市道路微循环系统

**5. 动态时段性**

交通微循环系统随城市化和机动化的快速发展呈现出一种动态变化的特征。随着城市规划和各专项规划的开展,道路断面、容量、交通承载量等,都随之发生改变。尽管对于城区大幅度改造的可能性很小,但是为解决其交通问题,各种微循环、渐进式改造仍在进行,为适应地区功能定位、交通条件的改变,交通微循环系统应具有动态适应性,从而制定不同条件下的最优发展模式。

**6. 对行为模式的影响**

不同的交通模式对城市或地区居民出行模式的影响很大,同样交通微循环系统对其所在地区的居民日常生活出行模式也有很大的影响。居住在道路平直、路面较宽的微循环系统中的居民,往往习惯较快节奏的生活,而较大车流量和较高的车速也在一定程度上限制了道路两侧居民的日常交往,即居民的交往空间受到侵占,快速的机动车流取代了居民活跃的日常交往和休憩活动。而居住在道路走向弯曲、路面较窄的微循环系统中的居民,往往倾向于享受轻松、慢节奏的生活,车流量很少的街道往往成为他们日常交往和活动的空间,这在很大程度上促进和加强了人们之间的联系与交流,增强了地区的活力。因此,在微循环系统设计时,应将其对人们行为模式的影响作为非常重要的因素加以考虑,尊重地区居民的生活习惯、习俗和传统文化。对待历史地区尤为如此,选择慢速微循环系统设计方法更适应城区的需求。

### (二)交通微循环的特性

城市交通微循环的高效运行需要有效的交通组织和科学合理的管理措施的支撑和保障。这就要求必须从交通微循环本身出发,充分了解其特性,对比分析其与城市常规交通的区别,采取适宜的交通微循环组织设计方法。

交通微循环在设计时应考虑从涉及的交通供需、交通流、交通组织与管理三方面入手,充分分析各自特性,使其更加科学合理。交通微循环的系统特性见表7-2。

表7-2 交通微循环的系统特性

| 交通微循环主要涉及因素 | 特性 |
| --- | --- |
| 交通供需特性 | 路网密度大、连通度高,便于进行交通组织 |
| | 交通可达性和灵活性要求高 |
| | 满足不同层次的出行需求,体现"公平"原则 |
| | 非机动车交通需求较大 |
| 交通流特性 | 交通流向自由,流量应满足不同区域需求 |
| | 交通流受干线交通流波动影响较小 |
| | 交通流相对平稳,时空分布比较均衡 |
| | 高密度、高连通度的微循环体系整体均衡,时空波动小 |
| 交通组织与管理特性 | 交通微循环涉及范围广,设计和发挥其功能和潜力任务艰巨 |
| | 交通微循环组织管理考虑因素众多,地区差异较大,交通组织管理复杂 |
| | 良好有序的、可持续的交通微循环系统需要结合实际、立足长远,统筹兼顾 |

## 第二节 交通微循环路网规划模式

微循环交通系统设置的主要目的是利用城区内密度高而交通使用率低的城市街巷路网来分担主要干道上的交通量,从而既解决了干道交通拥挤问题,又能充分利用道路资源,提高路网承载能力及灵活适应交通需求变化的能力。

微循环路网规划主要是运用微循环交通组织的思想构建道路交通运输网络,因此非常重要的一个方面就是交通组织的优化,这对充分发挥微循环交通网络效率、提高道路交通安全水平具有极为重要的作用。

## 一、规划要求与流程

作为城市路网和城区交通系统的重要组成部分,微循环路网规划的目标应该是充分利用城区街巷路网资源,通过有效的规划与组织措施,充分挖掘路网潜力,均衡路网交通流的时空分布。一方面,有效分流主、次干道的交通负荷,保证干道交通的畅通,即通过改善街巷道路通行条件和路网连通性,将主、次干道上的部分交通流量转移到可以替代的微循环道路上;另一方面,通过微循环路网组织,提高部分地块机动车可达性,并为公共交通和慢行交通提供更为便捷的通行环境,提升历史地区的活力与吸引力。

### (一) 规划要求

城区作为城市的功能区域,为适应城市整体发展要求,微循环路网规划应落实深化上层次规划要求,主要应以城市总体规划、片区控制性详细规划以及地区交通规划为指导,以解决地区近中期交通问题为目标;微循环路网规划可以视为控制性详细规划下的专项规划,应以面向实施为指向,编制分区域交通微循环路网规划,直接指导下一阶段交通组织与交通工程设计。

微循环实施应坚持系统性原则,采用组合策略与措施解决片区交通问题。进行交通微循环改造不能单纯针对某个路段、节点进行设计改造,而应全面研究城区和微循环实施片区的交通供需特征、交通运行条件以及未来交通发展趋势,系统考虑不同交通方式和动静态交通等多个方面,综合采取政策、规划、设计、工程及管理等组合拳,对城区微循环系统进行设计,旨在全面提升整个城区交通系统服务水平。

微循环路网规划作为微观层面的研究内容,其重点是面向实施和操作,因此应针对具体问题提出具体的、可操作性强的、行之有效的规划方案,从而能够有效解决现状与未来可能面临的交通问题,同时响应城区可持续发展要求。

微循环交通对路网条件、通行条件等都有较高的要求,而城区由于不同片区路网设施、历史文化遗产资源分布不同,对微循环实施具有各种各样的约束。因此,城区微循环路网规划与组织模式应因地制宜,结合不同区域的特点与具体情况开展。

城区干道网络密度较低,而街巷道路空间尺度较小,导致公共交通的空间可达性和时间可达性都较低,居民公交方式出行较为不便。公共交通作为城区交通出行的主要引导方式,在不同层面都必须做到公交优先,而微循环路网作为微观设施,应为公交线路尤其是公交支线和特色公交线路的布设和运行优先提供载体条件。

### (二) 微循环路网规划流程

微循环路网规划涉及内容与影响因素较多,其实施的效果与城区交通发展模式与服务体系、道路设施供给与交通需求特征直接相关。因此,微循环路网规划研究首先必须明确规划目标与原则,基于城区发展特征与功能定位的分析,进行微循环交通需求分析,分析交通方式选择与不同方式交通分布,从而制定微循环路网规划方案。

初始方案生成阶段,微循环路网方案制定从设施供给的角度,需要确定微循环设施的基本路网指标,在现有路网基础上选择微循环备选道路,对每条道路通行条件进行分析,对不满足微循环实施条件的道路进行改造,形成微循环的初始路网方案。

方案优化阶段,通过交通分配对初始路网方案进行测试与评价,调整路网方案,形成优化方案。

微循环路网规划流程如图7-4所示。

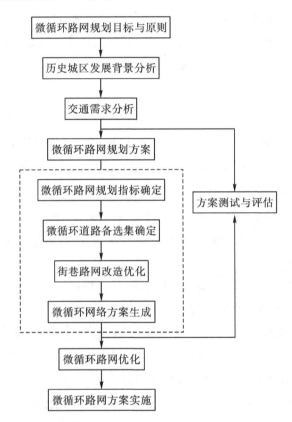

图7-4 城区微循环路网规划流程图

## 二、规划层次与要点

微循环交通的基本规划理念是"分流"和"集散"。前者通过交通组织和管理手段对现有微循环路网资源充分挖潜,发挥微循环路网交通功能,如分流干路上的短距离交通出行,使整体路网承担的交通流性质与道路功能匹配;后者通过精心组织街区内部微循环路网和交通流,在不破坏历史风貌的前提下因地制宜地增加交通供给服务干路交通的集散以及改善地块可达性。因此根据所起的主导功能不同,可将城区微循环路网分为城区级微循环路网和街区级微循环路网。

### (一) 城区级微循环路网

城区级微循环路网以"分流"为导向,以"服务短距离出行"为目标,主要利用交通性支路,通过有效的交通组织措施挖掘路网潜力,均衡城市整体路网交通流的时空分布,卸载主干道与次干道的过量负荷,超短距离的出行需求,保证城市主线交通的畅通。

**(二)街区级微循环路网**

由于城区不同片区道路发展曲线存在差异性,片区路网各成系统,片区之间的道路衔接程度不一,因此可进一步划分微循环街区,分块进行街区级微循环路网规划。街区级微循环系统以"集散"为导向,以"服务地块可达"为目标,以地区性活动的可达性服务指标为依据进行规划,重点在于满足指标要求,以保证地区性活动的可达性。街区级微循环系统一般不存在供需紧张问题,应突出社区安宁、慢行友好,并为支线公交的引入提供条件,机动车以服务可达为主,避免穿越性的机动车流使用。对比分析两个层级的微循环路网分层规划要素如表7-3所示。

表 7-3 微循环路网分层规划要素

| 规划要素 | 城区级微循环 | 街区级微循环 |
| --- | --- | --- |
| 规划目标 | 分流导向,服务短距离出行,提高路网运输能力 | 集散导向,服务地块可达,多种交通空间均衡共存 |
| 道路选取 | 交通性支路为主,部分次干路为辅 | 街巷为主,包括部分支路 |
| 网络特征 | 穿越多个街区,街区间连接关系明确 | 街区内成网,街区间不必强调明确的连接关系 |
| 路段特征 | 保证一定的连通性,可视情况采取必要的打通和局部拓宽 | 因地制宜、有机更新,以改善修整为主,不必强求线形顺直 |
| 交叉口特征 | 交叉口渠化,视需要进行信号控制 | 交叉口缩窄,视需要进行禁止转向等交通管理 |

# 第三节　交通微循环路网规划指标

## 一、微循环道路分级

传统的城市道路分级中支路宽度在 15 m 以上,与次干路和居住区、工业区、市中心区、市政公用设施用地、交通设施用地等内部道路相连接,起集散生活作用,直接服务两侧用地进出。但实际上,城区街巷道路多数宽度不及 10 m,这部分道路在道路交通资源紧缺的情况下,承担了一定的交通功能,因此这种道路分级方法并不能适应城区对道路功能划分的要求。城区具有街巷肌理和风貌保护要求,道路结构的组织不应根据规划等级确定道路宽度,而应根据历史道路的现状宽度划分等级,并根据其等级进行相应的交通空间重新分配以及交通组织和管理。

城区微循环路网主要由支路和街巷构成,宽度一般小于 18 m。考虑车速限制条件下机动车通行空间要求和必要的步行、非机动车通行空间的保障,选择 9 m 为城区级微循环路网和街区级微循环路网的界限,具体分级如表7-4所示。

表7-4 微循环道路分级表

| 微循环类型 | 道路宽度/m | 说 明 |
|---|---|---|
| 城区级 | 15～18 | 双向两车道且机非分离,能较好实现集散性和通过性 |
| 城区级 | 9～15 | 若采用单向行驶,可划分路权、机非分离,在服务出入的基础上,能承担一定的通过性交通 |
| 街区级 | 6～9 | 可作为历史街区内部的主要机动车道,组织双行机动车道,允许与历史街区相关的各类车辆通行,可通行公交 |
| 街区级 | 4～6 | 可作为历史街区内部的单行机动车道,允许与历史街区相关的各类车辆通行 |

## 二、路网规划指标体系

微循环路网规划的核心内容之一是确定满足微循环交通组织所需的道路间距和路网密度。城市道路网指标相关性如图7-5所示。在方格网中,道路间距和路网密度之间可用公式进行换算。不同性质、不同等级的道路有不同的道路间距与交叉口间距需求。道路间距主要取决于道路服务范围、公交线网规划要求以及街坊规划的经济性等。路网密度是衡量城市道路网合理性的基本指标,推荐值涵盖了各级道路之间的合理比例关系,即道路级配。路网密度与常规公交线网密度之间存在一些相关性,同时未来"公交优先"战略实施是否成功、远期特征年城市交通供求能否平衡,都需要考虑城市道路设施的供给是否合理。

图7-5 城市道路网指标相关性

### (一) 道路间距与路网密度的关系

《城市道路交通规划设计规范》制定过程中考虑"通过加密路网可以更好地解决城市交通问题",提出城市道路"小间距、高密度"规划的观点,但在规范推荐的道路网密度中却没有得到充分的落实。我国许多城市的旧城道路网布局多为方格网形,可以推算路网密度与道路间距之间存在的关系,如图7-6所示。

计算围合区域的路网密度,由于边缘的道路是两个小区所共有,按照一半的长度进行折算,则路网总长度为 $8L$,而围合区域的总面积为 $2L \times 2L = 4L^2$,计算可得

$$w = \frac{8L}{4L^2} = \frac{2}{L} \tag{7-1}$$

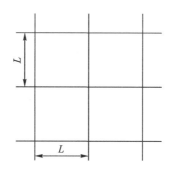

**图 7-6 路网密度与道路间距的关系**

式中：$w$——级道路的路网密度，km/km²；

$L$——级道路的道路间距，km。

表 7-5 是根据《城市道路交通规划设计规范》(GB 50220—1995)建议的大中城市路网密度得出的不同等级道路的路网间距。

**表 7-5 大中城市不同等级道路的路网间距**

| 道路级别 | 主干路 | 次干路 | 支路 | 干路合计 | 主次支合计 |
|---|---|---|---|---|---|
| 建议路网密度/(km/km²) | 0.8～1.2 | 1.2～1.4 | 3.0～4.0 | 2.0～2.6 | 5.0～6.6 |
| 道路间距/m | 1600～2500 | 1400～1600 | 500～600 | 770～1000 | 300～400 |

注：根据规范要求的路网密度，按照方格网道路进行推算可以得出不同等级道路的路网间距。上述计算假定在方格网道路情况下，如果路网形式不同，区位不同路网间距应当有所不同。

### (二) 微循环道路间距与路网密度

城区微循环路网规划主要以街巷路网体系为载体，因此路网指标的确定主要针对支路及以下等级道路组成的路网体系。机动车单向微循环交通组织对城市道路网络设施有明确的要求，路网应有足够的密度，且间距必须在一定距离范围之内，以减少车辆绕行。根据《城市道路单向交通组织原则》(GAT 486—2004)，单向交通实施所需的路网平均间距应不大于 300 m(主要针对方格网式路网)。按照这个要求，通过式(7-1)计算可得到路网密度要求为

$$w = \frac{2}{L} = \frac{2}{300/1000} = 6.67 \text{ km/km}^2$$

一般城区路网密度都能够满足单向交通组织实施条件，如某市城区现状街巷路网密度约为 8.5 km/km²。但是考虑到城区路网结构的不均衡性，必须视地块路网特征实施单向交通微循环，并对个别街巷道路在允许的条件下进行改造优化。另外，城区实施机非分流，构建独立非机动车交通系统，对路网也提出了较高的要求，因此，路网指标确定时需要考虑非机动车路网构建的要求，适当提高路网密度。

## 第四节　交通微循环路网组织

本节主要研究区域性机动车微循环交通组织,进一步分析该类交通微循环的路网组织模式。

### 一、路网交通组织模式分类

城市交通包括多种交通方式,在路网交通组织即路权分配时,既可以将这些交通方式分布在同一条道路的不同断面上,也可以分布在不同的道路上。根据交通分流的思想可以对路网交通组织模式进一步分类如表 7-6 所示。

表 7-6　路网交通组织模式分类

| 模　式 | 特　点 | 道路类型代表 |
| --- | --- | --- |
| 路网分流 | 一条道路上只容纳一种交通方式,不同交通方式分布在不同道路上 | 机动车专用路,非机动车专用路网 |
| 断面分流 | 一条道路上分布的交通方式拥有各自的路权,各行其道 | 物理分隔或划线分隔的道路 |
| 快慢分流 | 同种交通方式由于出行速度不同,需要的道路等级和类型不同 | 快速路、主干路、次干路和支路 |

路网分流可以是路网体系中的一部分,根据分流程度,可以分为局部分流和完全分流;对于一条道路,可以分为单向行驶和双向行驶,单向交通又可以分为局部单行和完全单行两类。

### 二、微循环路网组织模式

在路网分流和断面分流的基础上,进一步采用交通走向划分的组织思路研究微循环路网组织模式较为适宜。依据交通走向主要划分为单向微循环和双向微循环交通组织模式。双向交通微循环的运行特点与一般道路双向运行特征基本相同,因此这里主要分析单向交通微循环交通组织模式的特点。

单向交通微循环是一种投资少、见效快、操作简单的交通组织方法。该法通过充分挖掘现有道路资源的潜力,实现"以时间换空间"的目的,通过不同方向的交通流分道行驶来简化交通组织,提高道路使用效率。单向交通微循环具有以下优点:

(1)减少交叉口冲突点,提高道路通行能力。统计表明,国外单行道可提高通行能力达 20%～80%左右,国内一般在 15%～50%;

(2)提高道路运行速度、降低行车延误;

(3)提高车辆行驶安全性、降低交通事故;

(4)为路边停车位和公交专用道的设置创造条件；

(5)有利于信号灯配置,为"线控"提供有利条件。

单向微循环交通组织主要有三种模式:顺时针、逆时针与混合模式,如图 7-7 所示。

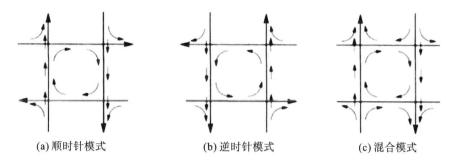

(a)顺时针模式　　　　(b)逆时针模式　　　　(c)混合模式

图 7-7　单向微循环交通组织模式示意图

上述三类单向微循环交通主要是单循环模式,在路网密度较高的条件下,还可以以单循环为基本单元,组织多循环的单向交通。至于采用何种微循环模式,主要视地区道路交通条件而定。

单向交通微循环对道路配套方面应该提出相应的要求:

(1)要有一对平行道路,且宽度大致相等,具有相同或临近的起终点;

(2)支路单向时路口间距不宜超过 300 m,干路单行路口间距不宜超过 500 m;

(3)两条平行单行线之间应有方便的横向联系,方便转换减少绕行,具体模式如图 7-8 所示。

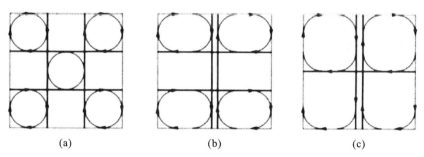

(a)　　　　　　(b)　　　　　　(c)

图 7-8　有利于减少车辆绕行的道路组合模式

对于城区或城市中心区这类特定区域,单向交通微循环比双向交通微循环具有明显的优势,尤其体现在通行能力提高上,同样其实施条件也较高。

## 第五节　交通微循环路网生成与优化

### 一、微循环道路的选择与优化

交通微循环路网的规划,首先必须筛选和确定备选的微循环道路,然后从备选道路中根据交通微循环组织的目标与要求选择出构建微循环交通网络的道路,并对这些道路进行改造优化,提高整个网络的运输效率。

#### (一) 微循环道路选择

交通微循环主要用于解决地区交通拥堵,尤其是缓解干道交通压力,因此,一般在干道经常拥堵的地方及周边片区设置,且要求足够的低等级分流道路,另外必须具备开通交通微循环的通行条件和安全条件。交通微循环的实施很有可能打破区域内部原有的交通模式,对周边的居民生活方式及生态环境造成干扰。因此,交通微循环的设置必须兼顾交通公平性要求及生态环境要求,对于城区,应以不破坏原有的历史环境与风貌为前提。

根据上述分析,微循环道路的选择应从道路设施条件、道路通行条件、安全条件、交通公平性、生态环境承载力约束、历史环境保护要求以及居民意向七个方面建立相应的技术标准,具体见表7-9。

表7-9　城区微循环道路选择条件与技术标准

| 影响因素 | 选择条件 | 技术标准 |
| --- | --- | --- |
| 道路设施条件 | 道路类型、道路在路网中的位置,街巷路网体系中根据其对5个条件的满足与否进行选择形成微循环道路的备选 | — |
| 道路通行条件 | 道路不宜过窄,改造拓宽难度不大,通行速度限制 | 道路红线不小于3.5 m,道路线形、断面满足车辆通行要求,运行速度控制在15 km/h以下 |
| 安全条件 | 一般应避开居住集中区、中小学、医院等人流集中的区域 | 建议结合调查和道路安全通行要求建立相关标准 |
| 交通公平性 | 不能侵占其他人的出行权利,主要是步行与自行车出行空间,且公交优先通行 | 结合该条道路现状步行与自行车交通量大小,根据道路本身通行能力大小,计算富余通行能力能否承担机动车交通,或视非机动车能否便捷转移到其他道路上 |
| 生态环境承载力约束 | 车辆产生的交通环境污染必须在交通环境承载力范围之内 | 以该类地区噪声、大气质量要求作为评价标准 |

续表

| 影响因素 | 条件 | 技术标准 |
| --- | --- | --- |
| 历史环境保护要求 | 必须坚持保护优先的原则 | 对于沿线历史要素较多或本身是保护性街巷的,坚决不能作为微循环道路;对于可进行改造,且改造代价太高的,不宜选择;改造难度不大,且无破坏影响的,可作为微循环道路 |
| 居民意向 | 不影响居民原有生活氛围或增强居民交往空间 | 通过意向调查,以不破坏或影响居民生活习惯与生活交往空间设定标准 |

微循环道路选择的条件及技术标准的设定多数相对比较定性,为操作方便,在满足最基本指标要求的前提下,建议进行模糊化处理,即采用模糊综合评价法评价并选择出相应的道路作为构建微循环路网的道路备选集。

**(二) 街巷道路改造优化**

微循环交通网络尤其是区域性微循环路网,要实现其分担干道交通流量,均衡路网流量部分的效果,必须保证微循环路网的连通性。在城区,通常被干道分割成若干地块或街区,干道作为其周边道路,街区内部主要由若干支路和街巷道路组成,这些道路正是微循环道路备选集的来源,需要与干道连通成网,才能保证交通微循环的实施。然而,通常这些道路中很多会存在断头、畸形以及沿线存在各种限制机动车通行的因素,如果能够将这些道路改造优化与干道连通,就能保证交通微循环的实施,同时也能增强街区或小区对外的可达性。

对于通过选择进入微循环道路备选集中的道路,对其改造必须坚持谨慎的态度,按照通行能力最大化、改造成本最小化的原则进行。这就要求必须根据不同类型的道路和不同的改造要求,并综合对比分析和评价新建、改扩建、整治和修缮等改造措施的适用性与效果,研究采取适宜的改造优化措施。城区交通方式多样,出行群体多元,改造措施必须考虑不同群体居民的意愿与可接受度。微循环道路改造优化流程如图 7-9 所示。

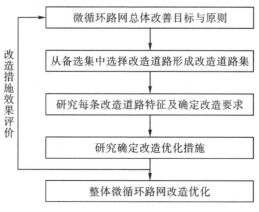

**图 7-9 微循环道路改造优化流程图**

## 二、微循环初始路网生成与优化

### (一) 微循环路网初始方案生成

结合城区实际路网供给特征,确定城区微循环路网组织模式和相应的路网指标。在现状路网基础上选择形成备选道路集,这样的备选道路集形成的道路网将成为微循环路网生成的载体。

微循环路网初始方案即可按照如下步骤生成:

(1) 将现状 OD(或流量反推得到的 OD)出行量在制定的各种约束条件下,分配在微循环备选路网上,得到分配的路网交通量。

(2) 对分配得到的路网交通量进行以下四个方面的分析评价:与现状路网交通量对比进行交通运行状态评价,分析现状交通问题的缓解程度;分配得到的每一条道路交通量与道路交通规制比较,是否超过承载与使用要求;分配得到的道路交通量大小与两侧建筑空间、交通方式以及市政空间利用是否存在冲突;分配路网交通量大小与交通环境承载力及历史保护之间的关系。

(3) 通过以上分析得到在备选集基础上形成的原始路网,再将近期出行量分配在这一路网上,得到分配的近期路网交通量。

(4) 重复步骤(2)中的分析,并结合地区用地特征,依据微循环路网规划的基本原则,形成微循环路网初始规划方案。

### (二) 方案优化要点

经过分析论证得到的微循环路网初始方案,需要经过方案测试与评估进行优化,从而不断地修改和调整,才能得到最终的优化方案,具体优化应从路网系统性分析和网络优化两个方面展开。

**1. 微循环路网系统性分析**

微循环路网系统性分析表现在路网与城市用地之间的协调关系、与周边干线道路的衔接关系、内部各组成要素之间的协调配合关系以及各种交通组织的效果。因此,微循环路网系统性分析有以下几个方面的内容:

(1) 微循环系统与周边用地的配合关系。这里主要分析微循环系统对城区各地块的服务功能及交通解决状况、道路的功能是否与两侧用地性质相协调、各类道路的走向是否适应用地布局所产生的交通流,以及是否体现对用地发展的引导作用等。

(2) 微循环路网与周边干线道路的配合衔接关系。这里主要分析微循环道路与所分流道路的衔接关系、主要集散点的衔接关系,重点解决干道交通压力和疏解各集散点不必穿越干道的流量。

(3) 微循环路网系统的结构与分层次疏解的合理性。这里主要分析微循环路网组成中支路、交通性街巷和集散性街巷所承担的分流功能是否清楚,结构设置是否合理等。根据逐级疏解的思路,各级道路的层次疏解效果是否充分发挥。

(4)微循环应对各类交通组织实施的效果。微循环路网构建主要为应对各类交通方式的合理利用,尤其是慢行交通方式、机动化交通方式以及主要的公交通行。因此,微循环路网系统性分析应能检验机非分流、单向交通及公交支线运行加载后的整体运行效果,并对微循环路网进行调整。

**2. 路网测试与评价**

对路网测试与评价时,应对初步制定的微循环路网布局进行检验,并通过方案测试检验和评估制定的路网布局是否能够满足道路交通需求。同时,应根据测试和评估意见对路网方案进行调整优化,得到最终的微循环路网规划方案。

# 第八章　城区施工期间交通工程设施设置

道路交通标志、标线、护栏、隔离设施等是保障改扩建工程施工期间车辆安全、畅通行驶、有效隔离行车空间与施工场地的交通安全设施,是交通组织的安全保障,它们的作用在于组织、管理、引导交通的运行,向道路使用者提供运行路线,给予指路、指示、警告或禁令信息,有效地隔离行车空间与施工场地,使之互不干扰。在高速公路改扩建工程施工过程中,为了保证道路交通安全和车辆畅通行驶,其道路上原有的交通标志、标线根据具体道路情况需进行拆除和移位,同时增设工程施工期间的临时交通标志、标线和安全隔离措施。

## 第一节　临时交通标志设置

### 一、交通标志设置

为了确保高速公路改扩建工程的施工作业安全,保证拆除高速公路路侧交通标志后给驾驶员提供必要的道路交通信息,须设置完善的临时交通标志,并尽可能利用现有的交通标志。

高速公路改扩建工程路段上的临时交通标志主要包括:禁令标志、警告标志、指示标志、指路标志以及施工及施工预告标志。

**(一)交通标志设置类型**

(1)禁令标志。该标志表示禁止、限制及相应解除,主要对车辆进行限载、限速,对部分车辆禁止通行等。高速公路改扩建工程施工路段应根据实际需要增加禁止通行、禁止超车、限宽和限速等标志,如图8-1所示。

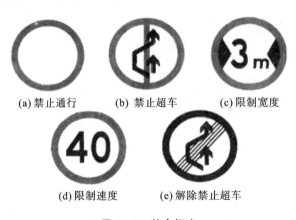

图8-1　禁令标志

(2)警告标志。该标志主要提醒并警告驾驶员道路前方有危险,应注意安全。高速公路改扩建工程施工路段应根据实际需要增设道路变窄、注意信号灯、路面不平、施工、注意危险等施工警告标志,以提醒并警告驾驶员注意施工路段的交通安全情况,如图8-2所示。

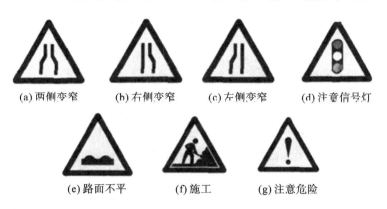

图 8-2 警告标志

(3)指示标志。该标志表示车辆行进,主要用于诱导和分流车辆。高速公路改扩建工程施工时道路或交通情况将会发生改变,如路肩施工大型车辆向内侧行驶、开通临时车道等,因而需增设临时指示标志。图8-3(a)表示只准一切车辆直行;图8-3(b)表示车辆应靠左侧道路行驶;图8-3(c)表示载货汽车应直行;图8-3(d)表示一切车辆在立体交叉处可以直行或按图示路线转弯(或直行和左转)行驶。

图 8-3 指示标志

(4)指路标志。该标志表示道路信息的指引,为车辆驾驶员传递道路方向、地点、距离等信息。由于高速公路改扩建工程施工的需要,部分交通标志拆除移至其他位置,另外部分路段存在车道封闭的情况,需给驾驶员提供足够的道路信息,因此需增设指路标志,如图8-4所示。

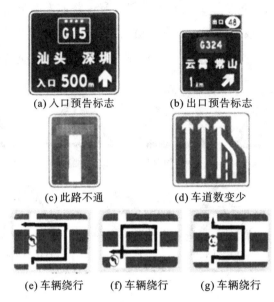

图 8-4 指路标志

(5)极援电话指示标志。在中央分隔带增设交通事故报警电话号码公告牌,有方便高速公路使用者报警之用,如图 8-5 所示。

(a)电话位置指示　　　　　　　　　　　(b)救援电话

图 8-5 救援电话指示标志

### (二)交通标志设置顺序

一般按指示、警告、禁令的顺序排列立体交叉处直行和左转弯列较好。车辆驾驶员对连续设置的交通标志视认过程如图 8-6 所示。

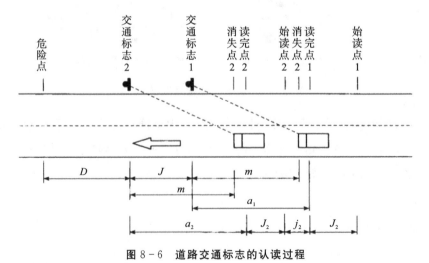

图 8-6 道路交通标志的认读过程

道路交通标志连续设置间距需满足两个条件：
①顺利读完交通标志1；
②必须保证交通标志2消失点位于其读完点之前。
由此得到道路交通标志连续设置间距公式如下：

$$J \geqslant j + J_2 = vt' + vt_2 \tag{8-1}$$

式中：$v$——汽车速度，m/s；

$t'$——决策时间，一般为 2～2.5 s；

$t$——交通标志2的认读时间，s。

根据式(8-1)求得指示标志和限速标志的连续设置时，它们之间的最小设置距离见表8-1。

表 8-1　限速标志连续设置间距与车速的关系

| 速度/(km/h) | 20 | 30 | 40 | 50 | 60 | 70 | 80 | 90 | 100 |
|---|---|---|---|---|---|---|---|---|---|
| 间距值/m | 16.7 | 25 | 33.3 | 41.7 | 50 | 58.3 | 66.7 | 75 | 83.3 |

## 二、原有交通标志的利用

原有高速公路旧交通标志拆除时，应遵循先对上面的构件进行解体，然后再对下面的构件进行拆除，即先松开交通标志版面固结螺栓，拆除交通标志版面，然后拆除交通标志的支柱地脚螺栓，拆除交通标志的立柱，最后清除交通标志立柱的基础。

原有交通标志版面基本还可继续用于高速公路改扩建工程完工后的新建道路，而交通标志的立柱由于布设高度发生变化不能继续使用。高速公路改扩建工程原有收费站的预告标志、收费站标志、线形诱导标志等交通标志版面在改扩建工程施工期间可继续使用。

## 三、临时交通标志的设置

临时交通标志采用移动式和固定式两种类型。通常，宽度小于 2 m 的临时交通标志采用固定式，设置于中央分隔带内；宽度大于 2 m 的临时交通标志采用移动式。另外，宽度小于 2 m 的临时指路标志应采用移动式，用以警告前方道路有作业车正在施工，车辆驾驶人应减速或变换车道行驶。

移动性施工标志悬挂于工程车辆及机械之后部。本标志为黄底黑色图案、黑边框、反光，背面斜插色旗两面。移动性施工标志如图 8-7 所示。

## 四、临时交通标志的结构设计

设置于中央分隔带的临时交通标志采用 2 m 厚的铝合金板，背面采用滑动槽招加固。临时交通标志的支撑采用立柱式，立柱不设基础，而是通过两根横梁将其固定在中央分隔带护栏的立柱上。横梁与护栏立柱之间以及横梁与临时交通标志的立柱之间均采用抱箍连

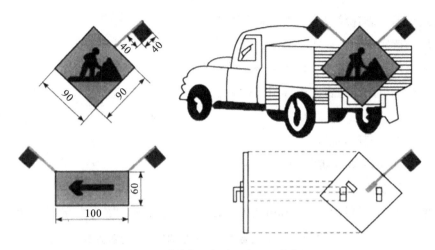

图 8-7 移动性施工标志示例(尺寸单位:cm)

接,以便于拆卸安装。

临时交通标志的结构按照版面大小分为单柱和双柱两种形式。高速公路改扩建工程施工时,如两个方向的临时交通标志相距很近,可将其合并为双柱两面双牌的交通标志形式,以减少临时交通标志支撑的数量。

图 8-8 中所示为施工路段提示标志。

图 8-8 施工路段提示标志

## 第二节　可变信息标志

在高速公路上安装可变信息标志对行驶在高速公路上的车辆进行限速、疏导、合理分流、提前预报,将大大降低由于大雾、大雪、路面结冰、路况不良、道路施工以及道路管制等原因造成的交通阻塞,减少车辆肇事,提高道路通行能力。因此,设置必要的可变信息标志,可以更好地为高速公路改扩建工程保通交通组织服务。下面以连霍高速公路郑州段改扩建工程保通交通组织为例进行说明。

高速公路改扩建工程保通交通组织上使用的可变信息标志主要包括以下 4 种形式:
(1)门架式可变信息标志(图 8-9);

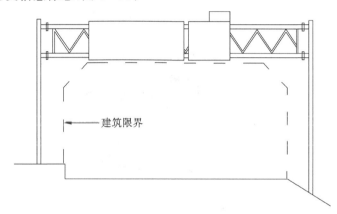

**图 8-9　门架式可变信息标志**

(2)悬臂式可变信息标志(图 8-10);
(3)立柱式可变信息标志(图 8-11);
(4)移动式可变信息标志(图 8-12)。

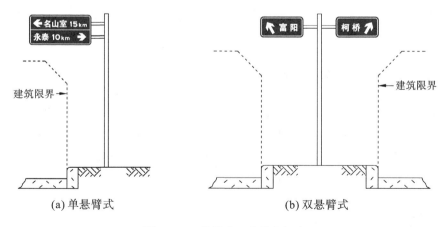

**图 8-10　悬臂式可变信息标志**

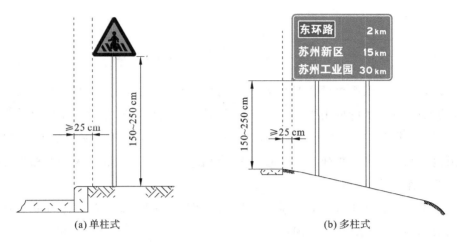

图 8-11　立柱式可变信息标志

图 8-11　移动式可变信息标志

为了及时向进入改扩建工程施工段的车辆提供相关信息,可在高速公路改扩建工程的施工终点和施工起点各设置一套门架式可变信息标志。在改扩建路段区间内以设置移动式可变信息标志为主,对于特大桥、事故多发地段等重要路段增补必要的立柱式可变信息标志。收费站广场前,尤其是在与被交道路的交叉口处,设置悬臂式可变信息标志。

根据高速公路改扩建工程不同的使用状况可制订可变交通信息板、可变限速板不同控制方案。

## 一、正常状态控制方案

正常状态指高速公路改扩建工程工程施工期间交通状态正常,能见度、气象环境正常,如连霍高速公路郑州段改扩建工程正常改建施工时。此时,可变交通信息板可显示"前方施工、减速行驶""加宽改建、请谨慎驾驶""请保持车距""车种请选择对应车道行驶"等信息;可变限速板可显示"限速 60 km/h"等。

## 二、特殊交通状态下控制方案

当高速公路改扩建工程施工段因车流量大或发生重大交通事故等引起交通阻塞时,需要可变信息板及时地向上游车辆传递前方道路交通拥堵信息,并采取相应的交通控制措施。此时,可变信息板可显示"车流量大、请谨慎驾驶""前方阻塞、请谨慎驾驶""请车辆选择分流"等信息;同时,可变限速板显示较低限速值。

### 三、特殊气象环境交通控制方案

高速公路改扩建工程施工期间如果遇到恶劣的天气情况,可以采用以下几种交通控制方案。

**(一)雾天交通控制方案**

高速公路改扩建工程施工期间,如果遇到大雾天气,容易造成连环追尾等严重的交通事故。遇雾天,在高速公路改扩建工程施工路段上行车,最重要的是必须根据天气能见度的强弱正确掌握行车速度和行车间距。此时,可变信息板交替显示车距控制指令和"雾天行驶、请开雾灯",可变限速板则显示较低的和较适应的限速值。雾天视距不良,应提醒车辆驾驶员使用雾灯、减速,并加大行车车距。大雾天影响行车(能见度极低)时,应及时关闭高速公路,并按照绕行方案进行分流。

**(二)雨天交通控制方案**

雨天对高速公路改扩建工程施工路段行车的影响主要有两个方面:第一,降雨使能见度降低;第二,降低轮胎与路面的摩擦,对制动和转向带来不利影响。此时,可变信息板交替显示车距控制指令和"雨天行驶、注意路滑""雨天行驶、请开雾灯",可变限速板则显示较低的和较适应的限速值。雨天视距不良,应提醒车辆驾驶员使用雾灯、减速,并加大行车车距。暴风雨天影响行车(能见度极低)时,应及时关闭高速公路,并按照绕行方案进行分流。

**(三)雪天交通控制方案**

下雪时能见度降低,同时道路路面积雪使车辆容易打滑。雪天视距不良,应提醒驾驶员使用雾灯、减速,并加大行车车距。此时,可变信息板交替显示车距控制指令和"雪天行驶、注意路滑""请使用灯光",可变限速板则显示较低的和较适应的限速值。大雪天影响行车(能见度极低)时,应及时关闭高速公路,并按照绕行方案进行分流。高速公路的路政部门应尽快扫雪,以便恢复车辆正常通行。

**(四)路面结冰时交通控制方案**

在高速公路改扩建工程施工路段路面结冰时行驶,应控制车速、车距应比平时增大两倍以上,防止侧滑相撞和连环追尾。此时,可变信息板显示车距控制指令和"结冰路滑、低速慢行""结冰路滑、请勿超车""保持侧距、谨防侧滑"等,可变限速板则显示较低的和较适应的限速值。

### 四、特殊施工状态下交通控制方案

当对高速公路改扩建工程中的桥梁上部进行加宽施工时,为保证新老桥梁结合良好,需要封闭一条车道,此时桥上单向只有一条车道通行。可变信息板应显示"前方桥梁加宽、减速慢行""前方桥梁加宽、桥上右道封闭""不准超车"等信息,可变限速板显示较低的和较适应的限速值。

高速公路改扩建工程施工期间如遇大雾、暴雨、冰雪等恶劣天气时,交管部门根据能见度及道路状况实行分级交通管制。恶劣天气下的交通管制标准如下:

(1)三级管制。在距原有高速公路收费站进口前 500 m,临时设置限速 60 km/h 的活动交通标志;通行车辆必须开启雾灯、示廓灯以及前后位灯,保持车间距不小于 100 m 以上。

(2)二级管制。在距原有高速公路收费站进口前 500 m,间隔 200 m 左右,依次设置"前方大雾(路面结冰)"、限速 40 km/h、禁止超车的标志组合。通行车辆必须开启雾灯和防眩近光灯、示廓灯、前后位灯,保持车间距不小于 50 m。

(3)一级管制。在原有高速公路延伸至城区道路结合处(可实施分流的道路),设置"高速公路关闭"标志牌。除特殊情况之外,禁止其他各类车辆驶入高速公路,已驶入高速公路的车辆须开启雾灯、近光灯、示廓灯、前后位灯及危险报警闪光灯,并以不超过 20 km/h 的速度就近驶离高速公路或进入服务区休息。

### (一) 雾天、暴雨天气

雾天、暴雨会使能见度下降,直接影响车辆驾驶员的观察和判断,是极易引发道路交通事故的恶劣天气之一。此时在高速公路改扩建工程施工路段上行驶的车辆,必须注意以下事项:

(1)当能见度小于 500 m 且大于 200 m 时,必须开启防眩目近光灯、示廓灯以及前后位灯;时速不得超过 60 km/h;与同一车道行驶的前车必须保持 150 m 以上的行车间距。

(2)当能见度小于 200 m 且大于 100 m 时,必须开启雾灯和防眩目近光灯、示廓灯及前后位灯;时速不得超过 60 km/h;与同一车道行驶的前车必须保持 100 m 以上的行车间距,并实施三级交通管制。

(3)当能见度小于 100 m 且大于 50 m 时,必须开启雾灯和防眩目近光灯、示廓灯以及前后位灯;时速不得超过 40 km/h;与同一车道行驶的前车必须保持 50 m 以上的行车间距,并实施二级交通管制。

(4)当能见度小于 50 m 时,公安机关依照规定将采取局部或全路封闭高速公路的交通管制措施,并实施一级交通管制。

### (二) 冰雪天气

车辆驾驶员视线受飞舞雪花的影响,可视距离缩短;雪后天晴时,阳光在积雪的强反射下,使车辆驾驶员的视力下降。在冰雪路面上,轮胎与路面的附着摩擦系数很小。此时,行车应采取如下安全措施:

(1)路面有积雪时,可采用路面撒盐确保通车顺畅;实施三级交通管制。

(2)路面结冰时,坡道、弯道等路(桥)面有积雪尚未结冰时,用可变限速板 CSL 限定车速,减速行驶;实施二级交通管制。

(3)路面严重积雪、结冰时,应关闭高速公路,并实施一级交通管制。

## 第三节　变更车道标志

因为高速公路改扩建工程施工的需要,常常需要车辆变更车道行驶,以保证工程施工作业的进行,从而涉及变更路线的选择和变更速度的控制等问题,需要采用适当的交通标志加以引导和限制。

车道变更分两种:一种是单向变更车道,即让同向车辆集中在超车道或备用车道行驶。汽车行驶时人在心理上的感觉是路旁的景物向后面高速移动,道路狭窄时,景物离得很近,速度感强,车辆驾驶员对车速的估计一般要比实际车速大;而在高速公路上行驶时,道路宽直,又缺少参照物,往往视觉估计的速度要比实际速度低。由于心理状态的持续作用,在高速公路上行车的时间越长,这种估计误差会越大,车辆驾驶员在驾车接近高速公路改扩建工程施工现场时,估算的时间往往比实际行驶的时间要长得多,变更车道时的实际车速也要比驾驶员判断的车速快得多。前一种情况会使驾驶员手忙脚乱,心理紧张;后一种情况则有可能造成车辆失控,不利于施工期间的道路交通安全。因而,在交通标志设置的前段(提示段),路标之间的间隔应稍宽且宽度应尽量保持一致,当接近工程施工现场、需要变更车道时,路标之间的间隔要逐步缩小,离得越近,距离越短,运用路标之间的间隔变化来纠正驾驶员速度视觉上的误差,提醒驾驶员提前合理减速,顺利通过工程施工阶段,如图8-13所示。

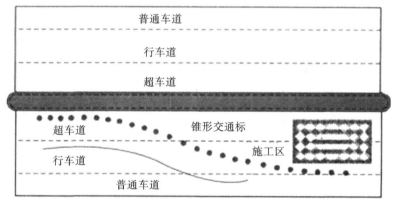

图8-13　单向变更车道标志设置示意图

车道变更的另一种情况就是要借用对向车道的超车道行驶。由于车辆要越过中央分隔带的预备开口,车辆在单向锥形交通路标的指引下,驾驶员往往就会由行车道经超车道直插开口,斜线驶入对向车道。由于受中央分隔带开口宽度的限制,加上车速、车宽、车长的影响,要顺利通过会有一定的难度,处理不好就会与中央分隔带相撞。

当高速公路改扩建工程施工期间遇到这种情况时,就需设置双向交通路标,引导车辆"转大弯",如图 8-14 所示。这时,车速又会成为影响安全的主要因素,车速太快有可能在"转大弯"时侧翻,或因失控驶入对方用车道,因此按照前面阐述的降低车速的标志设置方法,在这里仍要注意采用。

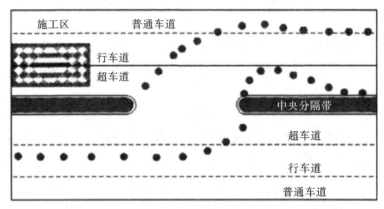

图 8-14 双向变更车道标志设置示意图

# 第四节 隔离设施

## 一、隔离墩

### (一) 水泥隔离墩

水泥隔离墩采用 C20 混凝土做成 60 cm×60 cm(长×高),座宽 42 cm,顶宽 20 cm 的隔离墩。该隔离墩重约 280 kg,发生交通意外时,靠自重抵挡一定的车辆冲击力,因自身质量较大,所以防撞性能良好,但其运输安装收回比较困难,成本较高,比较难以实施,而且大批量预制生产需要相当一段时间,容易耽误工期,工程结束后,其安放处理也是个麻烦的问题,如图 8-15 所示。

### (二) 注水交通隔离墩

图 8-15 C20 混凝土隔离墩

注水交通隔离墩俗称"水马",采用高强度工程塑料"滚塑"一次成型。安置时向隔离墩内注入水,即可稳定,搬迁时排出水,便可轻松移动。在发生交通意外时,由于产生弹性碰撞,这种隔离墩能够起到吸收一部分冲击力的作用,而不是与冲撞体发生刚性撞击,因而大大提高了车辆和驾乘人员的安全。水马在外观上其色彩明亮,无论白天黑夜都可以保证发挥应有的警示作用。由于采用了高强度工程塑料,因此具备了强度高、不褪色、耐腐蚀、耐高温、耐严寒、耐日晒、耐雨淋等一系列优点;其表面光滑流畅,因而又极易清洁;最重要的是这种隔离墩运输安装收回非常方便,可重复利用性强,非常适用于道路施工中将施工现场与道路行车空间进行隔离的设施。

- 相关尺寸:长 60 cm×宽 60 cm,座宽 42 cm,顶宽 20 cm;
- 自重:8 kg,注水后重>80 kg;
- 材料:线性低密度聚乙烯(LLDPE);
- 配件:150 cm 钢管,外贴红白相隔反光膜。

### (三) 防撞隔离墩

此外,再推荐一种防撞隔离墩,如图 8-16 所示。

- 材料:线性低密度聚乙烯;
- 尺寸:长 50 cm×高 50 cm×座宽 40 cm;
- 自重 0.6 kg.
- 注水:34 kg;
- 双面玻璃反光珠 40 颗。

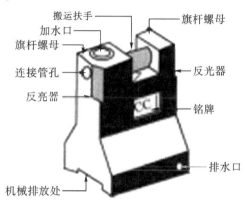

图 8-16 注水交通隔离墩

此种防撞隔离墩主要优点是:色彩鲜艳,标志明显;搬运方便,注水后不易移动;可以密排,也可稀疏排布,串联方便;双面玻璃反光珠共 40 颗,夜间醒目;配套自动排放与收回机械装置,操作安全,特别适合在不封路情况下排放与撤回。

防撞交通隔离墩的横向布置应根据高速公路改扩建工程不同的施工阶段而设置在不同的位置。关于防撞交通隔离墩的纵向布置,建议隔离墩纵向间隔为 15 m。

## 二、隔离警示桩

应用于公路工程施工区域与交通行车区域隔离的警示桩主要由水泥底座和轻质材料做成的圆柱所构成,圆柱采用红白相间的警示颜色,如图 8-17 所示。也有采用钢制的警示桩,如图 8-18 所示。同时,用于小区、园林等场所宜采用塑料锥形筒作交通隔离警示桩,锥形筒同样采用红白相间的警示油漆颜色。

图 8-17 应用于公路工程施工区域与交通行车区域隔离的警示桩

图 8-18 钢制警示桩

## 三、锥形交通标

与路栏配合,用于阻挡或分隔交通流。设在需要临时分隔车流,引导交通,指引车辆绕过危险路段以及施工现场区域周围或前方适当地点。锥形交通路标的基本尺寸如图 8-19 所示。交通锥夜间使用时上端应安装白色反光材料或反光导标。

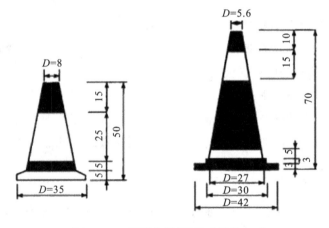

图 8-19 锥形交通标(尺寸单位:cm)

锥形交通标由于其质量轻,易于移动,可以作为临时交通隔离设施,但由于其不具有防撞能力,对长期隔离地段不宜使用,因此可作为其他隔离设施的一个补充。

## 四、路栏

路栏用于阻挡车辆及行人前进或指示改道。设在道路施工、养护、落石、塌方而致交通阻断路段的两端或周围。路栏的基本形式如图 8-20 所示。

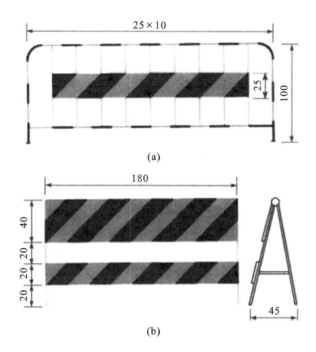

图 8-20　路栏(尺寸单位:cm)

## 五、防撞护栏

防撞护栏按照其受力力学特性可分为刚性护栏、半刚性护栏以及柔性护栏三种形式。目前,主要以半刚性波形钢梁护栏为主,并根据路基高度、危险区段确定护栏的防撞等级和形式。防撞护栏按设置位置可分为路侧护栏和中央分隔带护栏。路侧护栏是指设置于高速公路路肩上的护栏,目的是防止失控车辆越出路外,避免碰撞路边其他设施和车辆翻出路外;中央分隔带护栏是指设置于高速公路中央分隔带内的护栏,目的是防止失控车辆穿越中央分隔带闯入对向车道,并保护分隔带内的构造物。

高速公路的中央分隔带防撞护栏立柱采用 $\phi$114 mm 的钢管,路侧防撞护栏立柱采用 $\phi$140 mm 的钢管。防撞护栏的钢立柱与钢梁板采用防阻块连接。除了大中桥设混凝土防撞护栏、挖方路段不设置防撞护栏之外,其余路段全部设置波形钢梁防撞护栏,并在大中桥两端、小桥以及通道上设置三波波形钢梁防撞护栏。波形防撞钢梁护栏的断面图如图 8-21 所示。

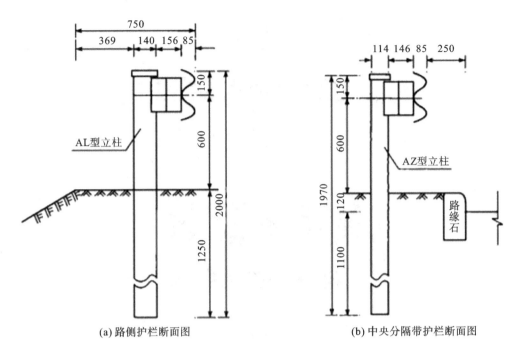

(a) 路侧护栏断面图    (b) 中央分隔带护栏断面图

图 8-21　波形防撞钢梁式护栏断面图(尺寸单位:mm)。

## 六、隔离栅

隔离栅设置于高速公路用地界内侧 0.3 m 处,除在天然屏障处(河流、沟渠等)外,其余地方(包括旱桥部分)均连续设置。

以沪宁高速公路改扩建工程为例,根据沪宁高速公路的实际情况,高速公路隔离栅分两阶段实施:第一阶段在改扩建工程施工期间为临时隔离栅,临时隔离栅的安装方式为采用抱箍固定在路侧护栏上的方式,如图 8-22 所示;第二阶段则对临时隔离栅进行整形、立柱接长、浸塑后作为永久隔离栅安装。

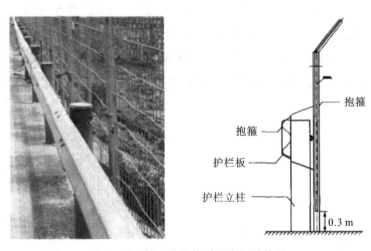

图 8-22　第一阶段临时隔离栅结构图

隔离栅的钢构件均应作热浸镀锌处理,镀锌后再镀塑,镀塑为果绿色。

## 七、分道体

**1. 用途**

分道体的用途有:用于双黄线之间;用于道路路面中线上;用于隔离不同行车方向(如双向),使对向行驶的车辆能够分道行驶。

**2. 核心特点**

分道体的核心特点有:弹性 PVC 材料,无二次伤害;颜色醒目、反光持久。对应的传统产品有水泥警示桩,钢板警示桩等,如图 8-23 所示。

图 8-23 分道体及其在公路工程中的应用

## 八、施工警告灯

施工警告灯用于警告车辆驾驶员前方道路施工,应减速慢行,宜设于夜间施工路段附近。

施工警告灯号分闪光灯号及定光灯号两种,安装于路栏或独立活动支架上,高度以 120 cm 为度。其镜面闪烁频率、光度及适用地点,应符合表 8-2 的规定。

表 8-2 施工警告灯号

| 种类 | 闪光灯号(黄色) | 定光灯红色 |
| --- | --- | --- |
| 镜面数 | 单面或双面 | — |
| 闪烁频率/(次/分钟) | 55~75 | 定光 |
| 发光强度/cd | 20~40 | 5~10 |
| 适用地点 | 施工区段或危险地点的起点以前 | 用于导向车辆行驶 |

## 第五节 施工期间电视监控辅助交通管理系统

为了能够实时掌握高速公路改扩建工程施工期间沿线行车和施工状况,及时发现和处理交通事故及隐患,减少其对道路交通影响,更快提出解决事故的办法和控制措施,特提出设置电视监控辅助交通管理的要求。摄像机建议主要设置在中央分隔带内,必要情况下可设置在施工现场区域。其监控的重点主要是事故多发地段、特大桥梁等特殊构造物、重点施工区域等。

考虑到高速公路改扩建工程互通式立交处均设置保通处理点,这些区域可以不设置电视监控设施。

由于现场施工点较多且存在一定的移动性,同时也考虑到施工场地的安全性,在部分施工区域可以考虑设置移动式电视监控设施。

电视摄像机应当安装在道路交通运行关键路段,以下概括介绍具体安装位置选择应注意的一些因素。

**1. 视野**

避开摄像机的障碍物,尽量减小死角范围。建议电视摄像机以及监控设置位置如图8-24所示。

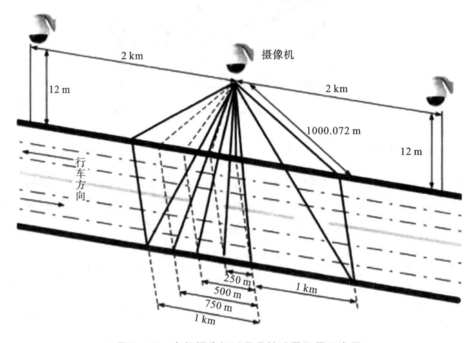

图 8-24　电视摄像机以及监控设置位置示意图

## 2. 光线

考虑光线对摄像机镜头和图像画面的影响,摄像机镜头应尽量避开太阳光的影响。

## 3. 通信及供电问题

在选择摄像机位置时,要事先考虑电源、信号电缆的走线,事先做好规划、作出预留。

## 4. 维修

如需维护安装在十几米高杆上的摄像机时,要动用高车升降机。如果没有足够场地展开工作,易产生危及人身安全的严重问题。

## 5. 监控网络

电视监控辅助交通管理系统与工程指挥中心和各个保通处理点之间应该有着优良和高速的通信联系,形成电视监控计算机网络,如图 8-25 所示。

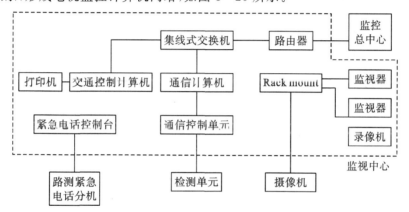

图 8-25 电视监控计算机网络系统

# 第九章 典型交通组织设计案例分析

## 第一节 轨道交通5号线大龙山站施工期间交通组织方案

### 一、项目概况

#### (一) 项目背景

轨道交通5号线是重庆市轨道交通线中的南北向骨干线路,为连接主城区与两江新区的重要通道(图9-1)。

一期工程北起于两江新区规划的悦港大道,南至跳蹬,同时规划有一条支线。线路正线(悦港大道—跳蹬)全长约47.8 km,采用地铁系统。全线贯通渝北区、江北区、沙坪坝区、九龙坡区,与1号线、3号线、6号线、9号线、环线换乘形成便捷的轨道交通网络。

#### (二) 工程概况

大龙山站位于龙山大道与龙山路十字交叉口下,跨路口设置,南北向布置,与轨道交通6号线实施换乘。

图9-1 轨道交通5号线地图

图9-2 大龙山站地图

图9-3 大龙山站施工图

## (三) 施工影响

根据轨道5号线大龙山站的站点施工以及其围挡方案,本次施工期间对周边车辆有以下主要影响:

①由于施工需要,施工期间龙山大道设置两个围挡区域,长70 m,宽28 m。龙山大道至松石大道方向两车道被封闭围挡,车辆出行受到影响;

②施工期间,柏树堡立交由于建设封闭施工,龙山大道将分流柏树堡立交部分交通流量,造成较大交通压力。

# 二、现状交通

## (一) 项目影响范围

根据轨道5号线大龙山站施工期间施工组织方案,施工期间直接影响道路为龙山大道。施工期间,运渣车辆进出场路线为间接影响道路,主要包括龙山路、余松路、内环快速路(北环立交至高滩岩立交段)、渝遂高速(高滩岩立交往土主镇方向),如图9-4所示。

图9-4 轨道大龙山站施工期间影响范围示意图

## (二) 项目区域周边道路现状

龙山大道北起旗龙路,南至松石大道,全长1.2 km,标准路幅宽度50 m,双向8车道通行,其中两侧车行道宽度各为15 m,中央绿化带宽20 m,两侧人行道宽度各为13 m,设计车速60 km。本次轨道站点施工期间主要影响为龙山大道至松石大道方向一侧道路车行道和绿化带。现状影响区段如图 9-5 所示。

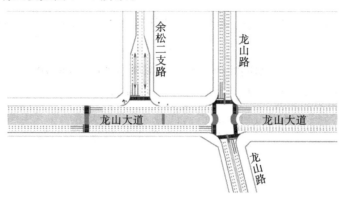

图 9-5　直接影响道路现状示意图

## 二、项目区域周边道路现状

通过对龙山大道平峰期的交通调查,根据《城市道路设计规范》(CJJ 37—2012)中的车辆换算系数标准;其得到以下的交通运行现状调查表,见下表 9-1。

表 9-1　龙山路及龙山大道早高峰期间(7:00—9:00)服务水平表

| 路段 | | 车道数 | 通行能力 /(pcu/h) | 交通量 /(pcu/h) | 饱和度 | 服务水平 |
|---|---|---|---|---|---|---|
| 龙山路 | | 双向6车道 | 5400 | 2646 | 0.49 | B |
| 龙山大道占道施工段 | 施工围挡区(一) | 由北向南4车道 | 3065 | 1318 | 0.43 | B |
| | 施工围挡区(一) | 由南向北4车道 | 3097 | 1115 | 0.36 | A |
| | 施工围挡区(二) | 由北向南4车道 | 4320 | 1430 | 0.33 | A |
| | 施工围挡区(二) | 由南向南4车道 | 4320 | 1987 | 0.46 | B |

## 三、交通组织设计方案

**(一) 交通组织原则**

(1)将局部交通组织与区域路网分流相结合,尽量不改变主流向,保证施工对区域路网整体运行效率的影响最小;

(2)诱导为主、管制为辅;

(3)优先保障行人、公交通行,方便广大市民出行;

(4)占道施工路段允许通行的车道或临时便道应满足安全通行的最小宽度要求;

(5)制定交通应急预案,减少交通事故或其他突发事件导致的交通拥堵。

**(二) 车行交通组织**

龙山大道施工期间施工区域段实行中央绿化带及其相邻两车道全封闭,形成宽 28 m,

长 70 m 的两个施工围挡区,如图 9-6 所示。根据实际交通调查分析,在施工期间,施工围挡区(一)占道施工段由北向南方向两个车道能够满足交通需求,重点考虑施工围挡区(二)占道施工段,为保障沿线车辆的通行,采用以下交通设计方案与管理措施:

(1)在龙山大道施工起点路段一侧人行道上拓宽一个车道,在占道封闭段保证三个通行车道,车道宽 3.5 m,利用防撞护栏隔离。

(2)该占道封闭段两处电线杆杆身涂黑黄相间的警示颜色,四周利用涂有警示色的水泥墩围挡保护,水泥墩高 1.2 m。

(3)移栽该占道封闭段一棵路侧景观树。

(4)完善相应的施工警告和预告标志,在相应位置设置协勤点,疏导交通,预防交通拥堵,保证交通安全。

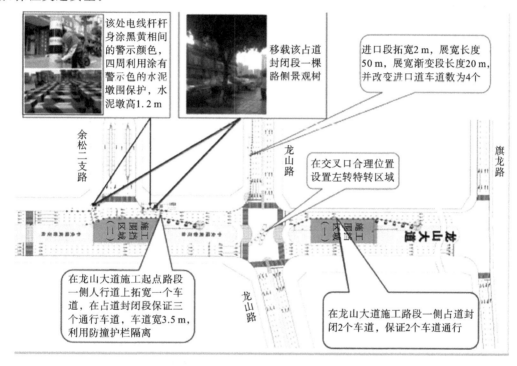

图 9-6 施工区域车行交通示意图

### (三) 交通管理实施方案

**1. 交通管理设施基本要求**

根据城市道路施工作业交通组织规范(GA/T 900—2010)、道路交通标志和标线(GB 5768—2009)要求设置交通管理设施。

(1)从施工警示区起点开始连续设置前方道路施工标志、限速标志、车道封闭标志。施工警示区不应小于 10 m。

(2)在道路渐变段设置线性诱导标志,道路渐变段不应小于 50 m。

(3)将西段龙山路右侧进口段拓宽 2 m,展宽长度 50 m,展宽渐变段长度 20 m,并进口道车道数增加为 4 个。

(4)将施工作业区用施工围栏封闭,在夜间没有恢复正常交通功能的施工作业区域,每隔 20 m 设置高亮度太阳能警示灯,施工围栏外安装加强型波形防撞护栏;用移动式水泥基座防撞护栏分隔部分方向车道;人行道与车行道之间用钢质人行护栏分隔。

(5)龙山大道位于施工区域前后位置设置禁停标志。

(6)在施工区域重点区域设置 3G 视频监控系统,在施工围挡区二临近余松二支路一侧设置电子抓拍系统,对通过施工区域路面的车辆进行监控抓拍。拟采用 200 万像素网络高清红外智能球机,视频保存方式采用本地存储。

**2. 交通管理设施布置图**

施工区域交通管理设施布置图如图 9-7 所示。

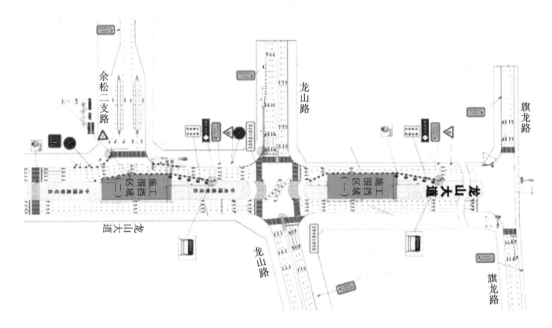

图 9-7 施工区域交通管理设施布置图

**3. 交通管理设施清单表**

为保证车辆运行通畅,在周边路网设置标志牌等交通管理设施进行预告、指示。交通管理设施清单见表 9-2。

表 9-2 交通管理设施清单

| 序号 | 名称 | 图例 | 规格 | 单位 | 数量 | 备注 |
|---|---|---|---|---|---|---|
| 1 | 警告标志 |  | 版面 1200 mm * 600 mm<br>立柱 φ89 mm * 3000 mm | 套 | 7 | 超强级光反模 |

## 第九章 典型交通组织设计案例分析

续表

| 序号 | 名称 | 图例 | 规格 | 单位 | 数量 | 备注 |
|---|---|---|---|---|---|---|
| 2 | 3G视频监控 | | | 套 | 2 | 360°全景 |
| 3 | 车道增加指示标志 | | | 套 | 1 | |
| 4 | 指示标志 | | | 套 | 2 | 超强极光反模 |
| 5 | 车道变窄警告标志 | | 边长1000 mm 单立柱 φ89 mm * 3000 mm | 套 | 2 | 超强极光反模 |
| 6 | LED导向灯 | | | 套 | 2 | |
| 7 | 禁停标志 | | 版面 φ1000 mm 单立柱 φ89 mm * 3000 mm | | 2 | |
| 8 | 太阳能爆闪灯 | | | 套 | 10 | |
| 9 | 防撞护栏 | | 栏杆 4320 mm×310 mm× 85 mm, 立柱 114 mm×140 mm×φ4.5 mm | 米 | 400 | |
| 10 | 让行标志 | | 边长1000 mm 单立柱 φ89 mm×3000 mm | 套 | 1 | 超强极光反模 |
| 11 | 协勤人员 | | | 人 | 15 | 每处1人，三班倒 |
| 12 | 慢行标志 | | 宽1000 mm 单悬臂 φ89 mm * 3000 mm | 套 | 2 | 超强极光反模 |
| 13 | 隔离桩 | | | 根 | 40 | |
| 14 | 电子警察抓怕系统 | | | 套 | 1 | 附表：车辆即停即走，限时3 min |

## 四、交通组织保障措施

### (一) 交通安全管理措施

(1) 制定严格的施工管理制度,加强文明施工,树立交通意识、环境意识,积极配合相关部门的交通管理。制定科学的施工计划,对施工进度进行严格的控制,在保证施工质量的前提下,加快施工进度,缩短占道施工时间。施工完成后,尽快恢复道路设施,从时间上减小施工对交通的影响。

(2) 做好宣传工作。占道施工和交通组织不可避免地会给当地居民和单位带来不利的影响,交通组织方案制定后,要借助于电视、报纸、网络等相关媒体,做好宣传工作。

(3) 为保证施工节点周边道路畅通无阻,应与当地交通管理部门取得联系,配备保通机械,当发生重大的交通中断时,能即时调派机械配合排除路障。

(4) 确定专人对施工区域交通安全设施定期维护,保证设施清洁及完好。

(5) 施工完毕后施工单位应及时拆除施工围挡、临时建筑以及临时安全设施,按原有道路技术标准将道路恢复至施工前原貌,并完善相应标志标线及其他安全设施。

### (二) 协勤配置

本项目拟在施工区域前后"龙山大道+龙山路"十字路口南北方向、"龙上大道+余松二支路"T形路口、施工围挡区(一)和施工围挡区(二)等位置各设置一个协勤点,共5个协勤点,如图9-8所示。执勤点采用三班三运转的模式分为5个班组,每个班组配置协勤1名,共计配置协勤15名。

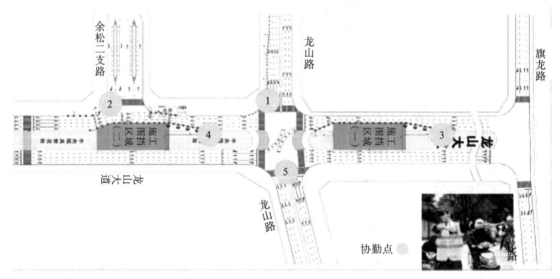

图9-8 施工区域协勤配置示意图

### (三) 应急措施

(1) 建立应急事故处理小组,对可能发生的突发事故进行紧急处理,力争将事故损失降至最低。应急领导小组机构框架图如图9-9所示。

图 9-9 应急领导小组机构框架图

(2)鉴于车辆在现场的突发事件,交通必然会造成一定程度的瘫痪,因此必须在现场配备应急拖车及吊车,并准备一定数量的钢丝绳,随时应对突发事件。

## 五、施工期间流量预测

### (一)影响路段

(1)施工期间需要对龙山大道进行暂时的占道施工,占道施工段中施工围挡(一)由北向南方向车道数由原来的4车道变为2车道,施工围挡(二)由北向南方向车道数由原来的4车道变为3车道,通行能力降低。

(2)施工期间,柏树堡立交由于建设封闭施工,龙山大道将分流柏树堡立交的部分交通流量,造成较大交通压力。

### (二)施工期间流量预测

施工期间流量预测表见表9-3。

表 9-3 施工期间流量预测表

| 路 段 | | 现 状 | | | | | 施工期间 | | | | |
|---|---|---|---|---|---|---|---|---|---|---|---|
| | | 车道数 | 通行能力/(pcu/h) | 平均交通流量/(pcu/h) | 饱和度 | 服务水平 | 车道数 | 通行能力/(pcu/h) | 平均交通流量/(pcu/h) | 饱和度 | 服务水平 |
| 龙山路 | | 双向6车道 | 5400 | 2646 | 0.49 | B | 双向6车道 | 5400 | 4590 | 0.85 | D |
| 龙山大道占道施工段 | 施工围挡区(一) | 双向4车道 | 3065 | 1318 | 0.43 | B | 由北向南2车道 | 2160 | 1318 | 0.61 | C |
| | 施工围挡区(二) | 双向4车道 | 3097 | 1115 | 0.36 | A | 由南向北4车道 | 4320 | 1169 | 0.27 | A |
| | 施工围挡区(三) | 双向4车道 | 4320 | 1430 | 0.33 | A | 由北向南3车道 | 3240 | 2953 | 0.91 | E |
| | 施工围挡区(四) | 双向4车道 | 4320 | 1987 | 0.46 | B | 由南向北4车道 | 4320 | 1987 | 0.46 | B |

## 六、结论与建议

### (一)结论

(1)工程车辆渣土外运规划线路在工程实施前的路段状况较为良好。

(2)在21:00~06:00时间段内施工,可使得工程车辆对交通的影响最小。

(3)在整个渣土外运工程中,施工车辆的运行对于区域交通的影响并不显著。

(4)在7:00～9:00早高峰、17:30～17:30晚高峰时段施工期间,龙山路与龙山大道施工段交通流量较大,负荷度较高,龙山大道与龙山路十字路口影响较为显著,但是在可接受范围之内。

### (二)建议

(1)各大型车辆分段分次序进行渣土外运,加强对工地施工区域运输起点的监管,杜绝超重、超宽、超高等运输。

(2)在交通运行压力较大的路口路段有交警现场指挥与控制。

(3)在施工现场内醒目位置设立安全警示牌,进入现场所有施工人员必须戴好安全帽。

(4)设置警示闪烁灯或者红色警示灯,确保夜间行车安全。

(5)协勤人员做好本职工作,维护好施工现场及相关路段的秩序。

(6)施工区域限速,并设置提示交通标志。

## 第二节 轨道10号线金石大道占道施工期间交通组织方案

### 一、项目概况

(1)轨道交通10号线是轨道交通网络中南北向联系南岸区、渝中区、江北区、渝北区四区,贯穿两江新区核心带的骨干线路,对轨道交通发展起着至关重要的作用。10号线计划于2014年6月开工,2017年全线建成。

(2)为施工轨道10号线三亚湾站和三亚湾站—上湾路站区间2号施工通道,需要临时对金石大道进行线路导改,进行施工期间交通组织方案设计。

### 二、现状交通分析

#### (一)项目区域路网

(1)站址位于渝北区金石大道上。

(2)施工将占用金石大道。

(3)项目区域内道路系统单向路多,网络性较差,金石大道无分流道。

#### (二)现状交通情况

**1. 车流情况**

(1)车流量较小,道路有富余空间(图9-10)。

(2)站点西侧物流厂区货车出入较多,金石大道货车比例约10%。

(3)居住、商业区有占道停车。

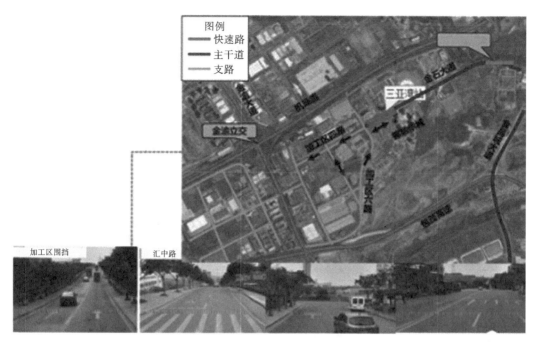

图 9-10 施工区域现状交通分析图

### 2. 人流情况

三亚湾水产市场、锦绣华城出入人行需求较多(图 9-11)。

图 9-11 施工区域人流情况示意图

## (三) 现状小结

(1) 区域路网贯通性差,近端无替代性分流道。

(2) 道路交通运行状况相对良好,通行能力有富余,施工期间三亚湾水产市场、锦绣华城小区车辆出入将受影响。

## 三、交通组织方案

### (一) 交通组织思路

**1. 交通组织原则**

(1) 局部交通组织与区域路网分流相结合,尽量不改变主流向,施工对区域路网整体运行效率的影响最小。

(2) 需保证施工期间锦绣华城小区、三亚湾水产市场车辆正常出入。

(3) 优先保障行人、公交通行。

**2. 交通组织要求**

(1) 优先采取修建临时便道等方法,降低占道施工作业对交通的影响。

(2) 占道施工路段允许通行的车道、人行道应满足安全通行的最小宽度要求。

### (二) 围挡期间道路改造方案

(1) 利用道路两侧空间,拓宽人行道,临时铺设两车道便道(图9-12)。

(2) 车道宽 3.75 m,人行道最小宽度 2.0 m。

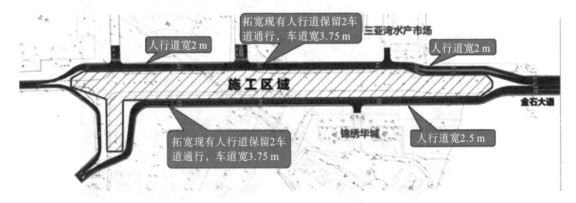

图 9-12 围挡期间道路改造方案示意图 1

(3) 该路段长约 700 m,由东向西方向渐变段长 60 m。

(4) 施工道路最小转弯半径保持原有道路转弯半径,弯道处增加展宽,保证货车通过。

(5) 组织锦绣华城、水产市场及厂区道路由临时道路进出,施工段前方设掉头道(图 9-13)。

2014—2016 年围挡期间道路改造方案通行流量与饱和度对比表见表 9-4。

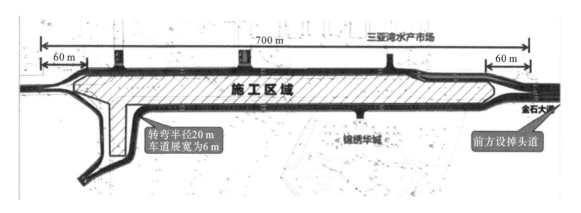

图 9-13 围挡期间道路改造方案示意图 2

表 9-4 2014—2016 年围挡期间道路改造方案通行流量与饱和度对比表

| 方向 | 单向 2 车道通行能力 | 2014 年 | | 2016 年 | |
|---|---|---|---|---|---|
| | | 流量 | 饱和度 | 流量 | 饱和度 |
| 自西向东 | 1860 | 963 | 0.52 | 1060 | 0.57 |
| 自东向西 | 1860 | 880 | 0.47 | 970 | 0.52 |

**1. 施工围挡方案(一期)**

(1)一期在金石大道北侧进行护桩施工(图 9-14)。

(2)一期围挡占用 2 条行车道,占用时间共 7 个月。

(3)围挡总长 340 m,面积 4137 m²。

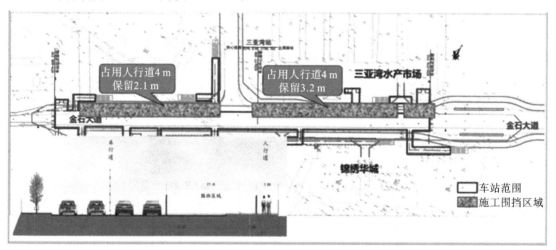

图 9-14 施工围挡期间道路改造方案(一期)示意图

**2. 施工围挡方案(二期)**

(1)二期在金石大道南侧进行护桩施工(图 9-15)。

(2)二期围挡占用2条行车道,占用时间共5个月。

(3)围挡总长400 m,面积3348 m²。

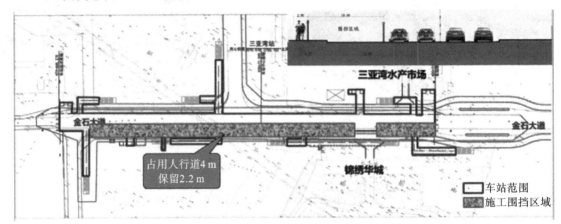

图9-15 施工围挡期间道路改造方案(二期)示意图

**3. 施工围挡方案(三期)**

(1)道路封闭采用明挖施工(图9-16)。

(2)施工场地设置在道路中央,围挡占用时间约21个月。

(3)围挡面积21330 m²。

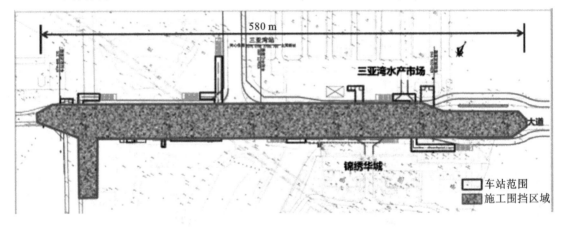

图9-16 施工围挡期间道路改造方案(三期)示意图

**(三)公交调整方案**

施工期间公交调整方案示意图如图9-17所示。

(1)施工便道将占用原三亚湾市场公交站,受影响公交线路3条。

(2)公交线路不变,站牌向东侧移动约200 m设临时站,同时做好宣传工作。

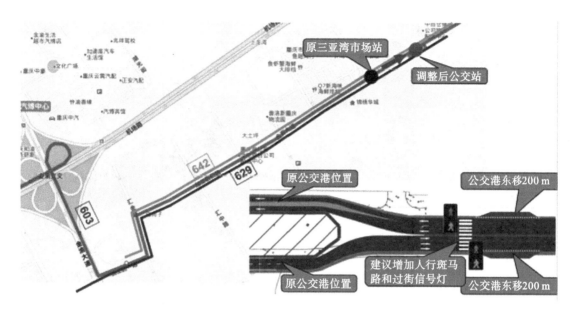

图 9-17 施工期间公交调整方案示意图

## (四) 交通组织相关设施

施工期间交通组织相关设施示意图如图 9-18 所示。

(1) 设置施工围挡、水马等隔网设施,围挡内设波形护栏。

(2) 完善施工期间警示、改道、让行、禁停等标志,正确引导车辆通行。

(3) 起始处设监控和闪光灯,监控接入总队秩序管理支队。

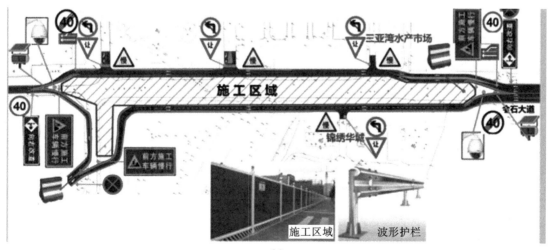

(a)

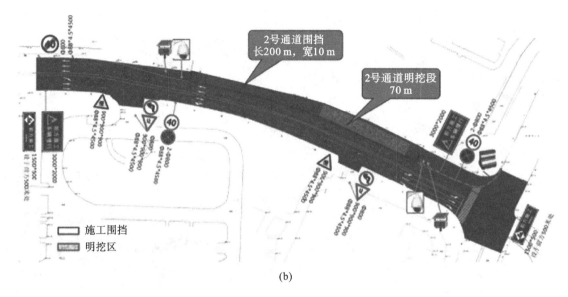

(b)

图 9-18 施工期间交通组织相关设施示意图

## 四、交通配套管理措施

### (一) 交通诱导与管理

**1. 交通诱导标志**

(1) 远端设置诱导标志,设置"前方施工"提示。

(2) 近端设置施工警告标志、限速标志、安全措施(如水马、警示灯等),保证车辆在施工区路段行车安全。

**2. 交通管理**

(1) 在施工路段安排协警 3 人,加强监督,处置突发事件。

(2) 施工路段全线禁停,严格规范金石大道路段车辆停车。

### (二) 应急预案

突发事故出现拥堵的应对措施:

(1) 远端截流,缓解临时性交通压力。

(2) 交通管制,只允许公交与出租车通行,配备足够的警力。

(3) 路网分流,通过周边路网(机场路、金渝立交、农业园立交)进行分流,达到缓解交通拥堵的目的。

### (三) 交通保障措施

(1) 制定严格的施工管理制度,文明施工,配合相关部门的交通管理。

(2) 各阶段施工完成后,同步进行相应的标志标线设置。

(3) 交通组织方案制定后,借助于电视、报纸、网络,做好宣传工作。

(4) 配备安全设施,当发生重大交通中断时,能即时配备。

# 第三节　轨道十号线长江站施工期间交通组织方案

## 一、项目概况

(1)轨道交通10号线是轨道交通网络中南北向联系南岸区、渝中区、江北区、渝北区四区,贯穿两江新区核心带的骨干线路,对轨道交通发展起着至关重要的作用。10号线计划于2014年6月开工,2017年全线建成。

(2)长河站位于渝北区两港大道,为减轻施工期间对周边交通的影响,需要对施工影响范围内进行交通优化组织。

## 二、现状交通分析

### (一)现状路网结构

(1)两港大道、霓裳大道分别为纵向、横向主干路,均为双向8车道(图9-19)。
(2)区域支路网基本成方格网布局,分流通道多,通达性较好。

图9-19　轨道十号线长江站现状路网结构示意图

### (二)现状交通运行情况

(1)片区东北侧环山,过境交通少,车流量小,道路有较大富余空间(图9-20)。
(2)大型货车出入量较大,两港大道大货车比例约30%。

图 9-20　轨道十号线长江站现状交通运行状况示意图

### (三) 现状公交

(1) 现有公交线路 4 条(图 9-21)。

(2) 经霓裳大道—两港大道至台商工业园公交站(终点站)。

(3) 长河站站点路段没有公交经过。

图 9-21　轨道十号线长江站现状公交状况示意图

### (四) 现状小结

(1) 区域路网连通性较好,有条件使用替代性分流道。

(2) 道路交通运行状况良好,通行能力有富余。

(3) 过境性交通较少,主要为沿线工厂、商业交通流,施工期间车辆出入将受影响。

## 三、交通组织方案

### (一)交通组织思路

**1. 交通组织原则**

(1)局部交通组织与区域路网分流相结合,尽量不改变主流向。

(2)需保证施工期间沿线工厂、商业车辆正常出入。

(3)保障行人、公交通行。

**2. 交通组织要求**

(1)优先利用周边道路分流,降低占道施工作业对交通的影响。

(2)占道施工路段允许通行的车道、人行道应满足安全通行的最小宽度要求。

### (二)施工方案(一期)

(1)车站及区间支撑结构施工(图9-22)。

(2)道路全线贯通,两侧各保留8~10 m宽车道及原有人行道。

(3)施工场地设置在道路中央,围挡占用时间约6个月。

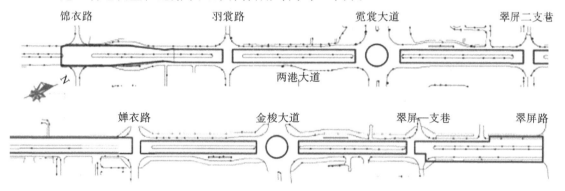

图9-22 围挡期间施工方案示意图

### (三)交通组织方案(一期)

围挡期间施工方案(一期)示意图如图9-23所示。

(1)保留霓裳大道、金梭大道交叉口。

(2)其余交叉口车辆右进右出,仅保留人行过街。

(3)锦衣路—羽裳路段(图9-24)。

①本段明挖施工,采用道路全封闭围挡,为了保证两侧工厂商店运行,在两侧各修建1条4 m宽车道及1条2.5 m宽非机动车道。

②锦衣路、羽裳路口组织车辆右进右出,利用周边路网分流;车流量过大时采取专人引导。

(4)羽裳路—霓裳大道段(图9-25、图9-26)。

①本段右侧有工厂商店人行出口及公交首末站,左侧有人行出口。

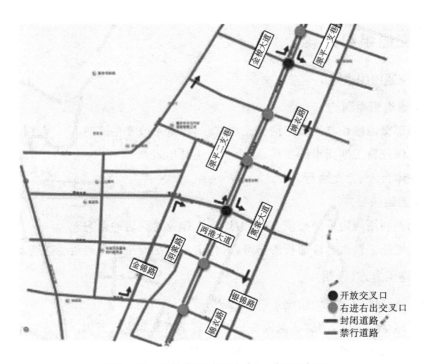

图 9-23 围挡期间施工方案(一期)示意图

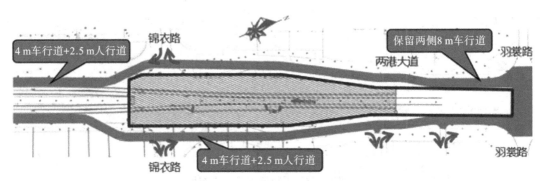

图 9-24 围挡期间锦衣路—羽裳路段施工方案示意图

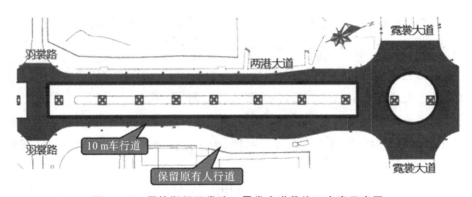

图 9-25 围挡期间羽裳路—霓裳大道段施工方案示意图

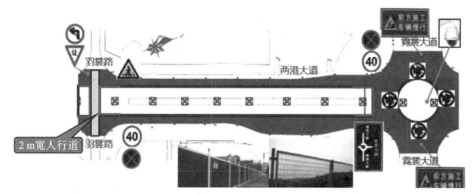

图 9-26 围挡期间羽裳路—霓裳大道段施工方案相关设施示意图

②路段两侧各保留 10 m 宽车道,霓裳大道转盘区域围挡,保留车道供车辆行驶,组织车辆尽量利用周边路网分流。

③设置交通疏解围挡及护栏。

④交叉口区域采用孔状围栏。

(5)霓裳大道—翠屏二支巷段(图 9-27、图 9-28)。

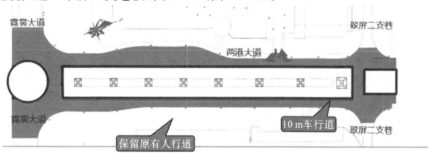

图 9-27 围挡期间霓裳大道—翠屏二支巷段施工方案示意图

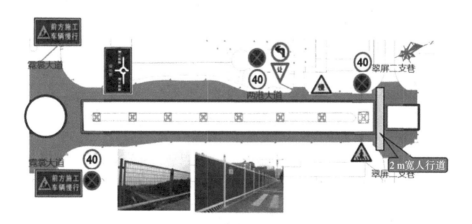

图 9-28 围挡期间霓裳大道—翠屏二支巷段施工方案相关设施示意图

①本段两侧均有人行出口,右侧有工厂出入口。

②两侧各保留 10 m 宽车行道。

③翠屏二支巷车辆右进右出,利用周边路网分流。
④设置交通疏解围挡及护栏,交叉口区域采用孔状围栏。
⑤完善施工期间警示、改道、让行、禁停等标志,正确诱导车辆通行。
(6)翠屏二支巷—婵衣路段(车站段)(图9-29、图9-30)。

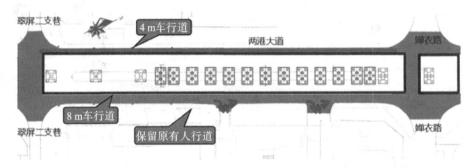

图9-29　围挡期间翠屏二支巷—婵衣路段(车站段)施工方案示意图

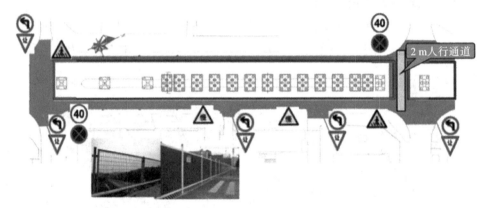

图9-30　围挡期间翠屏二支巷—婵衣路段(车站段)施工方案相关设施示意图

①本段左幅没有工厂,保留4m车行道供车辆通过。
②右幅有3个工厂,保留8m宽车行道。
③设置交通疏解围挡,交叉口区域采用孔状围栏。
④完善施工期间警示、改道、让行、禁停等标志,正确诱导车辆通行。
⑤在主要出入口前方设减速慢行标志,保证交通安全。
(7)婵衣路—金梭大道段(图9-31、图9-32)。
①本段目前左右幅无工厂。
②根据施工需要,左、右幅预留2车道8m宽,保证大部分车辆正常通行。
③金梭大道转盘区域围挡,保留原有车道供车辆行驶。
④设置交通疏解围挡及护栏,交叉口区域采用孔状围栏。
⑤完善施工期间警示、改道、让行、禁停等标志,正确引导车辆通行。
(8)金梭大道—翠屏路段(图9-33)。
①本段左右幅各有2个工厂。
②在道路两侧预留2车道8m宽,保证大部分车辆正常通行。

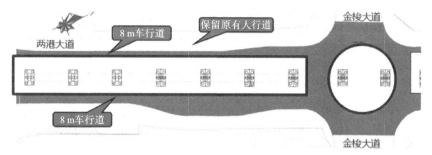

图 9-31 围挡期间婵衣路—金梭大道段施工方案示意图

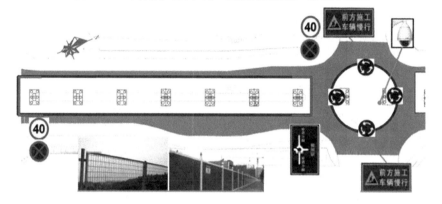

图 9-32 围挡期间婵衣路—金梭大道段施工方案相关设施示意图

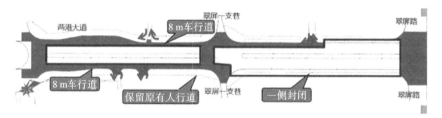

图 9-33 围挡期间金梭大道—翠屏路段施工方案示意图

③组织翠屏—支巷车辆右进右出。

(9)金梭大道—翠屏—支巷段(图 9-34)。

①设置交通疏解围挡及护栏,交叉口区域采用孔状围栏。

②完善施工期间警示、改道、让行、禁停等标志,正确引导车辆通行。

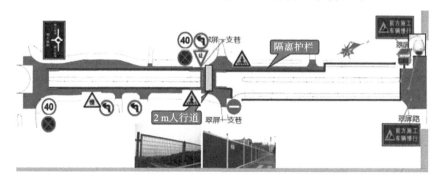

图 9-34 围挡期间金梭大道—翠屏—支巷段施工方案相关设施示意图

### (四) 施工方案(二期)

(1) 车站及区间连续梁施工。

(2) 在一期封闭的基础上,扩大路段围挡区域,改造道路交叉口处围挡(图9-35)。

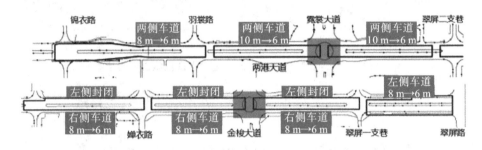

图9-35 围挡期间施工方案(二期)示意图

(3) 按施工进度逐段改造围挡,每路段占用时间约1个月。

(4) 霓裳大道、金梭大道交叉口改转盘为十字交叉口,设临时信号灯(图9-36)。

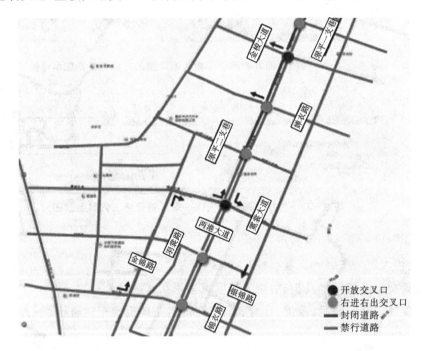

图9-36 围挡期间(二期)交叉口示意图

(5) 其余交叉口车辆右进右出,仅保留人行过街。

## 四、交通配套管理措施

### (一) 交通诱导标志

(1) 远端:远端设置诱导标志,提示驾驶员择道行驶,设置"前方施工"提示标志(图

9-37)。

图 9-37 施工期间交通诱导标志示意图

(2)近端:近端设置施工警告标志、限速标志等,引导车辆以安全车速行驶,设置安全措施(如水马、警示灯等),保证车辆在施工区路段行车安全。

### (二)交通管理及保障措施

**1. 交通管理措施**

(1)制定严格的施工管理制度,文明施工,配合相关部门的交通管理。

(2)在施工路段安排警力,加强监督,处理突发事件。

**2. 保障措施**

(1)交通组织方案制定后,借助于电视、报纸、网络,做好宣传工作。

(2)配备安全设施,当发生重大交通中断时,能即时配备。

### (三)应急预案

突发事故出现拥堵的应对措施(图9-38):

(1)远端截流,缓解临时性交通压力。

(2)交通管制,只允许公交与出租车通行,配备足够的警力。

(3)路网分流,通过周边路网(服装城大道、翠屏路、环山路)进行分流,达到缓解交通拥堵的目的。

图 9-38 施工期间应急预案示意图

## (四)交通设施工程量(一期)

交通设施工程量统计表见表 9-5。

表 9-5 交通设施工程量统计表

| 类型 | 项目名称(数据单位为 mm) | 单位 | 数量 |
| --- | --- | --- | --- |
| 交通标志 | 2000×1000 施工提示标志(含支架) | 套 | 16 |
| | 1500×2000 远端提示标志(含支架) | 套 | 4 |
| | 1000×500 施工提示标志(含支架) | 套 | 2 |
| | 4000×2000 交叉口指路标志 | 块 | 4 |
| | φ1000 禁停标志 | 块 | 14 |
| | φ1000 限速标志 | 块 | 14 |
| | φ1000 禁止左转标志 | 块 | 17 |
| | φ1000 禁止驶入标志 | 块 | 1 |
| | φ1000 环岛指示标志 | 块 | 8 |
| | 900×900 减速让行标志 | 块 | 17 |
| | 900×900 慢性警告标志 | 块 | 17 |
| | 900×900 注意行人标志 | 块 | 10 |
| | φ88×4.5×4500/3500 注式标志杆 | 根 | 49 |

# 参考文献

[1]吴艳群. 城市轨道交通规划与管理[M]. 成都:西南交通大学出版社,2018.

[2]邵春福,张旭. 城市交通系列教材城市交通设计[M]. 北京:北京交通大学出版社,2016.

[3]户佐安,薛锋. 交通运输组织学[M]. 成都:西南交通大学出版社,2014.

[4]张水潮. 交通组织设计[M]. 北京:人民交通出版社,2016.

[5]水利水电工程施工组织设计信息网,中水东北勘测设计研究有限责任公司. 2015年度论文集施工组织设计[M]. 北京:中国水利水电出版社,2016.

[6]李瑞敏,夏晓敬. 城市道路交通组织方法与实践[M]. 北京:清华大学出版社,2017.

[7]邱薇华,黄璐. 轨道交通行车调度组织实践指导书[M]. 北京:中国铁道出版社,2016.08.

[8]李宁洲,卫晓娟. 轨道交通机车车辆概论[M]. 北京:机械工业出版社,2016.02.

[9]任福田. 新编交通工程学导论[M]. 北京:中国建筑工业出版社,2011.

[10]翟忠民,景东升,陆化普. 道路交通实战案例[M]. 北京:人民交通出版社,2007.

[11]李瑞敏. 城市道路交通管理[M]. 北京:人民交通出版社,2009.

[12]弦智勇. 智能交通控制理论及应用[M]. 北京:科学出版社,2003.

[13]张飞舟,范耀祖. 交通控制工程[M]. 北京:中国铁道出版社,2005.

[14]欧东秀. 交通信息技术[M]. 上海:同济大学出版社,2007.

[15]翟忠民. 道路交通组织优化[M]. 北京:人民交通出版社,2004.

[16]杨晓光. 城市道路交通设计指南[M]. 北京:人民交通出版社,2003.

[17]隋亚刚,等. 道路交通组织优化与仿真评价理论与方法[M]. 北京:人民交通出版社,2009.

[18]赵芳. 城市道路交叉口渠化设计方法[J]. 工程建设与设计,2012(12):147-149.

[19]曾兰招. 南昌市轨道交通建设期间交通组织与优化研究[D]. 南昌:南昌大学,2013.

[20]左忠义. 城市轨道交通枢纽区域公交客流疏解组织优化与设计方法[D]. 北京:北京交通大学,2013.

[21]洪荣卿. 地铁施工期间公交线路及站点调整模型与算法研究[D]. 南昌:华东交通大

学,2011.

[22]张国力,马云东.地铁施工期间交通组织与管理方法研究[J].计算机光盘软件与应用,2012,15(15):84-85.

[23]朱光远,肖慎.城市道路改造工程施工期交通组织设计研究[J].现代交通技术,2012,9(02):75-79.

[24]黄键,蔡增毅.关于城市多路交叉口交通组织的优化设计[J].中文科技期刊数据库(全文版)工程技术,2016(12):176.

[25]李佳,黄晶,李冬奎,等重庆沙坪坝综合枢纽交通组织方案研究[J].铁道工程学报,2016,33(4):5-11.

[26]彭其渊,姚迪,陶思宇,等.基于站城融合的重庆沙坪坝铁路综合客运枢纽功能布局规划研究[J].综合运输,2017(11):96-102.

[27]张敏言,郭文丽,张海翔.城市轨道交通车辆概念设计[J].包装工程,2018(4):275.

[28]濮烨,许红.城市轨道交通运营前置理念在设计中的应用[J].城市轨道交通研究,2018(1):7-9,13.

[29]廖文浩.城市轨道交通运营管理理念创新分析探讨[J].建筑工程技术与设计,2016(22):2901.